数字港航物流人才培养丛书

Shipping Digitalization and
Logistics Development

航运数字化变革与港航物流发展

王育红　赵　丹　洪　铖 ◎主编

浙江大学出版社

·杭州·

图书在版编目（CIP）数据

航运数字化变革与港航物流发展 / 王育红，赵丹，洪铖主编. -- 杭州：浙江大学出版社，2025.1.
ISBN 978-7-308-25863-0

Ⅰ.U695.2

中国国家版本馆CIP数据核字第2025JZ3763号

航运数字化变革与港航物流发展
HANGYUN SHUZIHUA BIANGE YU GANGHANG WULIU FAZHAN

王育红　赵　丹　洪　铖　主编

责任编辑	陈丽勋
责任校对	朱　辉
封面设计	春天书装
出版发行	浙江大学出版社
	（杭州市天目山路148号　邮政编码310007）
	（网址：http://www.zjupress.com）
排　　版	杭州林智广告有限公司
印　　刷	杭州捷派印务有限公司
开　　本	787mm×1092mm　1/16
印　　张	8
字　　数	148千
版 印 次	2025年1月第1版　2025年1月第1次印刷
书　　号	ISBN 978-7-308-25863-0
定　　价	29.00元

版权所有　侵权必究　　印装差错　负责调换

浙江大学出版社市场运营中心联系方式：0571-88925591；http://zjdxcbs.tmall.com

PREFACE 前言

在全球化日益加深的今天，航运业作为连接世界经济的桥梁，其重要性不言而喻。然而，面对快速变化的市场环境、日益增长的物流需求和环境保护的紧迫压力，航运业正经历着前所未有的变革。在这一背景下，《航运数字化变革与港航物流发展》应运而生。本书旨在深入探讨航运业的数字化转型之路，以及这一转型如何推动港航物流的全面发展。

一、编写原则

本书的编写遵循以下原则。

（1）**理论与实践相结合**。本书不仅阐述了航运数字化变革的理论基础，还通过实际案例展示了各类数字化技术在航运和港口物流中的应用，确保内容的实用性和可操作性。

（2）**注重前沿性与时效性**。本书内容涵盖了当前最前沿的技术和最新的发展趋势，确保读者能够了解与掌握航运数字化领域的最新动态和未来方向。

（3）**确保系统性与全面性**。本书从航运业的整体数字化转型入手，系统介绍数字化技术的各个方面及其在航运和港口物流中的应用，构建了一个完整的知识体系。

（4）**创新与实效并重**。本书在介绍数字化技术的同时，注重探讨其在提升航运业效率、降低成本、优化资源配置等方面的实际效果，鼓励创新思维和实践探索。

二、内容框架

本书从航运业的可持续发展与数字化转型的宏观视角出发，剖析了航运业面临的趋势与挑战，提出了物流资源整合、数字化技术驱动、价值链协同优化等关键议题。第1章阐述了数字化转型已成为航运业应对未来市场、监管、技术等挑战和实现可持续发展的动力。第2章至第4章详细介绍了支撑航运数字化变革的关键技术和应用，从人工智能、物联网、区块链到智能船舶、智慧港口，构建了一个全面的数字化航运技术体系。第 5 章聚焦港口腹地物流的数字化转型，探讨了多式联运、智能仓储系统、实时物流追踪等技术的应用，展示其在提升效率、优化资源配置和降低成本方面的重要作用，以及如何更好地适应和推动航运业的数字化转型，实现高效、可持续的发展。第 6 章拓展至全球智能航运网络，分析大数据、区块链在航运决策和保险融资中的创新应用，展现数字化转型的广阔前景。第 7 章聚焦数字化港航物流管理与创新，探讨基于大数据的供应链管理优化，强调提升管理效率和优化决策的重要性，并鼓励读者在数字化时代实现港航物流管理的创新与发展。

三、亮点与特色

本书的主要特点如下。

（1）**综合性强**。本书涵盖了航运业数字化变革的各个方面，从技术原理到实际应用，再到未来发展趋势，内容全面、系统。

（2）**案例丰富**。本书精选了多个实际应用案例，通过具体实例展示数字化技术在航运和港口物流中的应用效果与成功经验，为读者提供了可参考的实践经验。

（3）**前瞻视角**。本书不仅关注当前的发展，还对未来航运数字化变革的趋势进行了预测和分析，帮助读者提前把握行业发展脉络。

（4）**实用性强**。本书提供了大量实用的工具、方法和技术，为航运企业的数字化转型提供了有价值的指导和建议。

《航运数字化变革与港航物流发展》是一部集理论性、实践性和前瞻性于一体的教材。它不仅为航运业从业者提供了丰富的知识和案例参考，更为航运业的数字化转型提供了宝贵的思路和建议。我们相信，通过本书的学习和思考，读者将能够更好地把握航运业的发展趋势和机遇，为推动港航物流的全面发展贡献自己的力量。

在本书的编写过程中，编者所参阅的文献除了在书末列出的部分，还包括大量相关的报刊文章和网络资料。鉴于参阅的相关文献数目较多，无法一一列出，在此谨向所有相关的作者致以真挚的感谢。

由于本书编者能力有限，书中纰漏之处在所难免，恳请同行专家、学者及读者批评指正。

编者

2025 年 1 月

目 录

第 1 章 航运可持续发展与数字化转型 / 001

1.1 航运业可持续发展趋势 / 003
- 1.1.1 物流资源整合与优化配置 / 003
- 1.1.2 数字化技术驱动智慧港航生态 / 004
- 1.1.3 物贸汇协同优化航运价值链 / 005
- 1.1.4 航运经济业态持续创新 / 006

1.2 数字化技术在航运业中的应用与影响 / 007
- 1.2.1 国际航运物流业务模块 / 007
- 1.2.2 数字化技术在不同场景下的应用 / 009
- 1.2.3 数字化技术对国际航运物流的影响 / 010

1.3 航运数字化的环境效益和社会效益 / 011
- 1.3.1 航运数字化的环境效益 / 011
- 1.3.2 航运数字化的社会效益 / 012

第 2 章 数字化关键技术 / 015

2.1 人工智能与机器学习技术 / 017
- 2.1.1 人工智能与机器学习的定义和基本概念 / 017
- 2.1.2 人工智能与机器学习的主要应用领域 / 019
- 2.1.3 人工智能与机器学习在航运业中的具体应用案例 / 019
- 2.1.4 人工智能与机器学习的未来发展趋势和挑战 / 021

2.2 物联网与传感器技术 / 023
- 2.2.1 物联网与传感器的定义和基本概念 / 023
- 2.2.2 物联网与传感器的主要应用领域 / 024
- 2.2.3 物联网与传感器的未来发展趋势和挑战 / 025

2.3 区块链与数字加密技术 / 026
  2.3.1 区块链与数字加密技术的定义和基本概念 / 026
  2.3.2 区块链与数字加密技术的主要应用领域 / 028
  2.3.3 区块链与数字加密技术在航运业中的具体应用案例 / 028
  2.3.4 区块链与数字加密技术的未来发展趋势和挑战 / 029

第3章　数字化航运技术 / 031

3.1 船舶自动识别系统（AIS） / 033
  3.1.1 AIS 技术简介 / 033
  3.1.2 AIS 的分类 / 034
  3.1.3 AIS 的运作模式 / 035

3.2 E 航海 / 036
  3.2.1 E 航海技术简介 / 036
  3.2.2 E 航海架构组成 / 036
  3.2.3 E 航海应用形态 / 038

3.3 导航卫星系统与物联网的融合 / 038
  3.3.1 导航卫星系统 / 038
  3.3.2 物联网技术 / 039
  3.3.3 导航卫星系统与物联网的融合应用 / 040

3.4 智能船舶的设计与运营 / 042
  3.4.1 智能船舶体系简介 / 042
  3.4.2 智能船舶设计 / 042
  3.4.3 智能船舶运营 / 044

第4章　数字化与智慧港口 / 047

4.1 智慧港口的定义与构成要素 / 049
  4.1.1 智慧港口的定义 / 049
  4.1.2 智慧港口的基本要素 / 051

4.2 数字化在港口运营中的应用 / 052
  4.2.1 数字化运营 / 052
  4.2.2 数字化在港口运营中的功能 / 053

4.3 无人驾驶车辆与自动化港口装卸 / 054

4.3.1 无人驾驶车辆的定义和种类 / 054
4.3.2 AGV 关键技术分析 / 056
4.3.3 AGV 在自动化港口装卸中的优势 / 057
4.4 基于大数据的智慧港口管理系统 / 058
4.4.1 大数据的来源与特征 / 058
4.4.2 大数据技术的预测原理 / 060
4.4.3 港口大数据管理系统建设 / 061

第5章 港口腹地物流数字化转型 / 063

5.1 港口腹地物流的数字化趋势 / 065
5.1.1 港口腹地物流的内涵 / 065
5.1.2 港口腹地物流数字化转型的趋势和挑战 / 066
5.2 数字化多式联运 / 067
5.2.1 集装箱多式联运的定义 / 067
5.2.2 数字化联运的内涵 / 068
5.2.3 数字化联运的实践案例：马士基物流数字化解决方案 / 069
5.3 智能仓储系统与实时物流追踪 / 069
5.3.1 智能仓储系统概述 / 069
5.3.2 实时物流追踪技术 / 071
5.3.3 智能仓储系统设计与实时物流追踪实现 / 072
5.4 数字化提升港口腹地物流效率与韧性 / 073
5.4.1 港口腹地物流效率与韧性的内涵 / 073
5.4.2 港口腹地物流效率与韧性的影响因素 / 074
5.4.3 数字化技术在提高港口腹地物流效率与韧性方面的应用 / 076

第6章 全球智能航运网络与物流效率 / 079

6.1 全球智能航运网络的构建 / 081
6.1.1 全球智能航运网络的内涵 / 081
6.1.2 数字化在智能航运网络中的作用及实现路径 / 082
6.2 大数据在航运决策中的应用 / 083
6.2.1 大数据在航运决策中的应用背景 / 083

6.2.2 大数据在航运决策中的应用案例 / 084
6.3 基于区块链的航运保险与融资创新 / 087
　6.3.1 区块链在航运保险中的作用 / 087
　6.3.2 基于区块链的航运融资创新 / 088
6.4 数字化提升航运物流效率与竞争力 / 089
　6.4.1 航运物流企业数字化转型的挑战 / 089
　6.4.2 数字化提升航运物流竞争力的策略 / 090

第7章　数字化港航物流管理与创新 / 093

7.1 基于大数据的供应链管理优化 / 095
　7.1.1 数据采集与处理 / 095
　7.1.2 数据建模与智能决策 / 096
7.2 港航物流信息平台的建设与发展 / 097
　7.2.1 港航物流信息平台建设背景 / 097
　7.2.2 港航物流信息平台建设内容 / 099
　7.2.3 港航物流信息平台发展趋势 / 100
7.3 智能合约与数字化单证的应用 / 102
　7.3.1 智能合约的定义 / 102
　7.3.2 海运业务中的单证简介 / 103
　7.3.3 智能合约在数字化单证中的应用 / 105
7.4 航运数字化标准建设 / 105
　7.4.1 标准化建设的现状 / 105
　7.4.2 标准化建设的挑战 / 108
　7.4.3 标准化建设的创新路径与策略 / 110

参考文献 / 116

第 1 章
航运可持续发展与数字化转型

航运业正面临全球供应链重构、运输组织方式革新、环境法规日益严格,以及对气候变化的适应性不足等一系列挑战,这些挑战要求行业在可持续发展和数字化转型方面做出积极应对。

在当前全球贸易繁荣与物流数字化革命的交汇时期，贸易便利化和国际物流高效化正对国际港航物流行业产生深远影响。随着数字技术的快速发展，国际物流行业的数字化创新步伐不断加快，引领全球供应链的新一轮变革，并受到政府、行业和资本等多方面的关注。从过去的几年来看，智能船舶、自动化码头、无人仓储等航运数字化创新技术的广泛应用大大提高了物流效率并为观察和预测全球贸易的发展趋势提供了前所未有的视角。

在数字化技术全面推动港航业发展的同时，国际物流行业也必须关注可持续发展的问题。不断升高的全球平均气温以及越来越多濒危灭绝的生物时刻提醒着我们推动碳减排事业，因此，在发展数字化的同时，如何更好地实现绿色、环保、高效的国际物流行业发展，是值得深入探讨与研究的课题。

1.1 航运业可持续发展趋势

1.1.1 物流资源整合与优化配置

在航运业的发展过程中，资源整合一直是一个重要的主题。过去的资源整合主要集中在同业并购上，即通过单纯的规模化收购来扩大业务范围和补齐服务短板。例如，2016年中国远洋运输（集团）总公司与中国海运（集团）总公司两大航运央企组合成立中国远洋海运集团有限公司，合并后的运力赶超马士基航运集团。[1]一些快速发展的国际物流企业会通过收购其他物流企业来加速业务扩张。这些并购案例中，被收购方通常拥有港口、堆场、航线等关键的物流资源和能力，从而帮助收购方提高服务质量和降低运营成本。

从生态链的角度出发，现在的资源整合已不再局限于简单的并购，而是更注重对供应链上下游关键节点和资源的控制与布局[2]，以实现更高效的服务和更低廉的运营成本。在数字化环境下，这种布局策略不仅适用于传统航运业，也适用于国际物流数字化领域。比如，马士基航运与B2B（business to business，企业对企业电子商务）交易平台"运去哪"在2017年达成了合作意向。"运去哪"是类似于房地产交易平台的一个服务于货运代理与出口企业的信息服务平台，它通过与马士基的战略合作，借助马士基在航运业中的优势将"集运头等舱"与拖车、报关等服务相融合。对马士基来说，这优化了客户体验，使货主无须担心货物运输中的报关等环节，也为"运去哪"提供了大量的客户资源。各角色在生态链中对关键资源的整合，帮助企业提高了服务质量和稳定性，从而满足了客户的需求。在这个过程中，物流实体资产逐渐受到重视。过去并未得到过多关注的资源，如仓库和堆场等，现在已然成为各方关注的焦点。由于这些资源与每一票货物、每一个集装箱都息息相关，但其数字化程度不高且相对集中，因此具有很大的信息化发展空间。目前，许多企业在海外仓、港口堆场等仓储物流资源方面进行了不同程度的布局，以提升自身的服务质量和稳定性。航运业的发展思路正在从过去的纵向延伸向横向拓展，向网络化、生态化布局转变，从资源独占向资源共享形式转变。

加强国际物流网络的覆盖面和提升整个物流网络的能力，可以使整个物流行业受益。同时，加强国际物流资源的集成与共享，提升物流资源有效性，也可以推动国际物流的整体发展。因此，坚实推进资源整合是强化航运发展基础的关键所在。只有有效地整合各种资源，才能提高服务质量和降低运营成本，从而在国际物流市场中保持竞争力。

1.1.2 数字化技术驱动智慧港航生态

数字化时代的航运业正经历着前所未有的变革。封云[3]指出，数字化技术的不断升级和应用，使得港口的转型升级出现了从线下到线上、从网络到生态系统的新发展方向，促使航运业更加高效地整合资源、提升服务质量和降低运营成本。其中，互联协同的不断加强，已经成为航运行业数字合作深化的重要途径。

第一，上下游企业之间的协同加强，使得航运企业能够更好地与合作伙伴实现信息共享和业务协同。在新冠疫情防控期间，船舶停航、空箱短缺、船期延误、运价飞涨等问题给航运物流业带来了巨大挑战。然而，通过业务协同和技术创新，航运企业与合作伙伴实现了更高效、精细化、柔性化的服务。例如，环世物流集团推出如图1-1所示的海陆空全链路数字化服务产品，使买卖双方都能享受到数字化物流服务。[4]

第二，企业与政府之间的协同加强，也为航运行业的数字合作提供了更好的环境和条件。政府需要通过数字化的手段加强与企业的协同和对企业的业务监管，这既有助于提高市场透明度和资源配置效率，也能够降低企业的合规成本。例如，政府利用数字化技术加强对运费和定价机制的监管，可以减少市场恐慌和无序竞争。同时，企业也需要利用数字化技术进行自我监督和管理，确保合规经营。在这个过程中，企业与政府之间的协同加强，有助于推动航运行业的数字化转型和升级。

互联协同的不断加强也为航运行业提供了新的机遇和发展空间。通过与合作伙

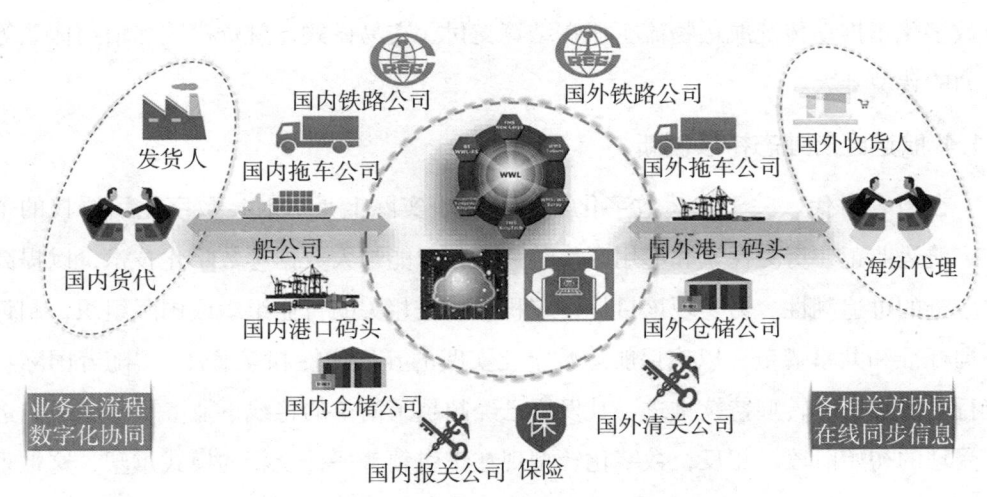

图 1-1 环世物流集团全流程数字化连接示意

伴和政府的协同合作，航运企业可以更好地把握市场机遇、优化资源配置和提高服务质量，同时也可以通过技术创新和模式创新，开发新的业务领域和商业模式。未来，随着数字化技术的不断升级和应用，航运行业的数字合作将进一步深化，推动整个行业的持续发展和进步。

1.1.3 物贸汇协同优化航运价值链

物贸汇即物流、贸易和支付结算。物贸汇协同一体发展与航运价值链优化已成为当今物流行业的重要发展趋势。在数字化时代背景下，物流行业需要更加注重供应链生态和对接贸易发展的需求，通过数字化技术实现物流过程的全程追踪和监管服务，同时还要加强对物流安全的保障和风险管理。此外，各行业之间也需要加强协同合作，共同推动物贸汇一体化的发展和进步。

现代物流企业正致力于提供全面的一站式运输解决方案，并深入研究货物的税收和关务规定，对贸易术语和支付结算进行整合。为了实现这一目标，一方面，企业需要加深对供应链服务的认识，并采取有效措施来提升服务的可靠性。另一方面，制造业等贸易端也要逐渐向物流端延伸。在跨境电商快速发展的背景下，市场对物流服务的要求不断提高，货主或电商平台也因此需要对物流有更强的掌控力。一些企业开始自行搭建物流平台或通过收购、投资等方式加强对物流的控制。需要注意的是，支付结算是国际物贸汇一体化中的一个难题。随着各角色之间的互信问题、中立性问题和信息传递问题逐步解决，支付数字化迎来突破性的挑战与机遇。目前，基于互联网和区块链等技术，以及代表企业与代表平台之间的试点合作，支付数字化正推动传统航运物流企业在结算支付、交易模式、融资模式和信用体系等方面的转型升级。

1.1.4 航运经济业态持续创新

在当今时代，关于航运数字化标准的竞争实际上是对航运数字化话语权的争夺。航运业正在努力探索和应用区块链、人工智能与大数据等数字化技术，以提高供应链的可追溯性。为实现该目标，应积极建立相关的行业组织或国际组织，制订数据标准和共享规范，以确保航运数字化实践的互操作性和互通性。[5]随着国际物流行业的数字化转型持续推进，其发展已经超越了简单的将线下业务平移到线上进行受理的初始阶段。相反，数字化转型现在正引领着一种全新的模式重塑，这种重塑涵盖了国际物流的全流程，并借助数字技术实现流程的优化和创新。在这种模式的催生下，许多新的业态模式相继诞生，为国际物流行业的创新发展注入了强大的动力。这些新的业态模式借助数字技术的优势，提供了更高效、更灵活、更个性化的服务，从而为物流行业带来了新的发展机遇和挑战。

数字化驱动的新业态利用数字技术整合资源和需求，实现更精细的服务。例如，通过数字化手段整合小批量发货人和收货人信息，优化运输和配送业务，形成更小单元化的报价、运输和配送服务。此外，海关特殊监管区域的核心内陆地区国际物流园区通过数字化手段进行经营和管理，发挥内陆港作用。这些新业态不仅满足了托运人对国际物流的需求从经济性向可靠性转变，也推动着整个物流行业的服务升级。

数字化工具的运用能够使物流资源实现有效协同与高效运转。具体来说，重箱卸货后可以直接运往附近的仓库进行装货，这样就能够优化资源配置；集卡运输零担货物的方式，能够提升运输效率；进口货物可以在船边直接提货，而出口货物则可以实现抵港直装，从而减少中间环节；异地海关建立的"联动接卸"监管模式使得进出口货物的通关流程更加简化，实现一次申报、一次查验和一次放行。这些新的业态通过数字化手段实现了资源配置的优化和高效运转，为整个物流行业的发展提供了有力的支持。

数字化驱动的新业态成长带来了流程再造的变革。新兴消费、贸易和运输需求催生了许多新兴产业，这些产业具有更高的数字化水平。例如跨境电商从一开始就具有极高的数字化水平，而且其数字化程度远超国际物流。海外小包裹订单在贸易平台完成下单后,在出口国(地区)可以直接贴好快递配送面单,再进行海上运输。这种流程再造的变革使得国际物流发生了质的变化,变得更加便捷、高效和透明。

1.2 数字化技术在航运业中的应用与影响

1.2.1 国际航运物流业务模块

在供应链中,出于商业利益的考虑,大多数企业不愿意向上下游企业透露太多的信息,这就是信息传递的不完整性和滞后性。当供应链中某一个特定节点或者需求出现变化时,在变动信息传递至供应链终端时,信息内容可能已被无限扭曲与放大,其扭曲的信息若以图像方式表示,非常接近于牛鞭,因此被称为"牛鞭效应"。图 1-2 展示了在航运出口环节,从出口商到报关服务商的"牛鞭效应"。当出口商因为订单变化而临时决定额外再增加出口 20% 的货物时,物流服务商为了保证货物全部安全出口,会考虑后续出口商的订单量是否会再临时增加,如果只配备多 20% 的货物是否会出现车队意外突发情况,从而可能会提供多 30% 货物的物流方案,运输服务商基于同样的想法可能会按照多 50% 货物的情况准备,因此到报关服务商后货物实际数量和订舱及报关数量可能出现巨大差异。这相当于传声筒游戏,传话人数越多,最终的信息越失真。

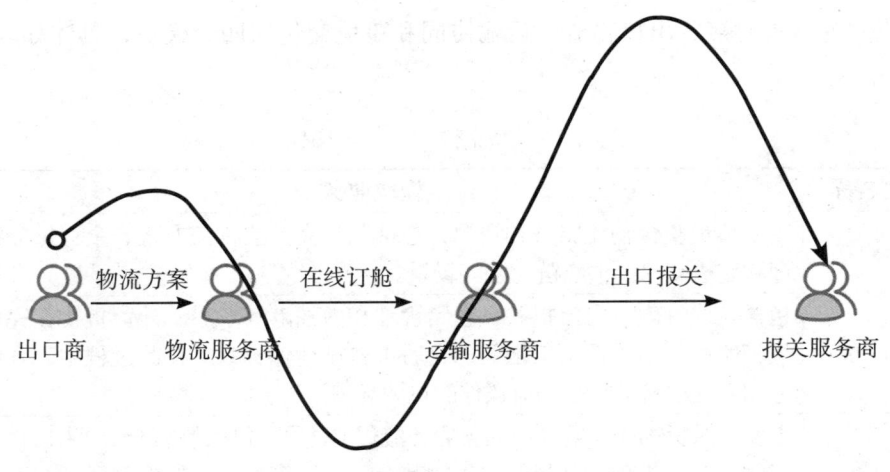

图 1-2 出口供应链的"牛鞭效应"

在传统的国际物流模式下,物流的各个环节往往存在信息相互割裂、缺乏数据共享的情况,这不仅限制了业务协同的效率,还使得管理者难以从整体上系统地看待整个物流过程。对于航运企业，数字化转型的首要环节就是梳理公司业务流程，找到供应链上的关键节点，从而系统地构建数字化物流网络。图 1-3 展示的是在供应链管理视角下需要构建的国际航运物流服务网络体系，以实现上游原材料、中游生产、下游消费的运输和库存协调，以及运载工具、仓储设备、装载容器等资源的优化配置。而数字化技术的应用，正好有利于构建全程国际航运物流服务网络，促进供应链的上下游高效协同，减少"牛鞭效应"。

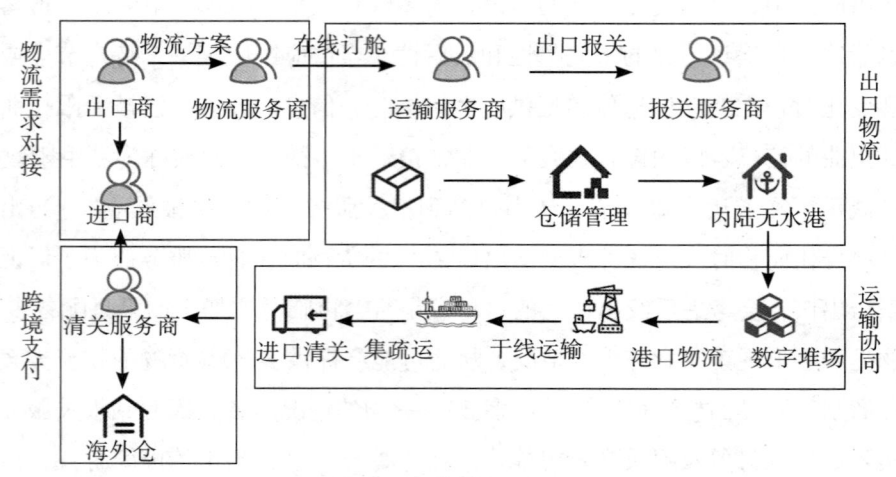

图 1-3 供应链视角下国际航运物流服务网络体系

按照国际物流端到端运输的上中下游全过程来进行分解，可将物流数字化业务模块分为需求对接、出口物流、运输协同和跨境交付这四个模块，具体如表 1-1 所示。

表 1-1 物流数字化业务模块

模块名称	模块业务
需求对接	主要负责整合物流服务和资源，包括制订完整的物流方案、全程供应链管理和完成交易的供应链金融等场景。
出口物流	包含在线订舱、出口报关、仓储管理和内陆港等场景。外贸货物在完成在线订舱后，需进行出口报关，之后可安排运输计划。在此过程中，仓库暂存和内陆港转运也是物流操作的重要环节。
运输协同	主要针对货物在运输区段间各业务流程的协调，包括数字堆场、港口物流、干线运输和集疏运等场景。货物装箱后，重箱和空箱的管理通常在堆场中进行。此外，货物起运前还会涉及一系列港口物流活动。

续表

模块名称	模块业务
跨境交付	针对货物抵达进口国（地区）后的物流业务活动，包括进口清关和海外仓等场景。收货人在提货前应完成相关的进口清关工作，企业提货后可以将货物存放在海外仓，还可以实现海外仓直接本地发货和退换货。

1.2.2 数字化技术在不同场景下的应用

从业务角度分析，物流数字化是一个不断演进和发展的过程。如图1-4所示，从基础阶段的业务数字化到过渡阶段的流程自动化再到高级阶段的经营智慧化，如今的数字化技术已经渗透到物流业的方方面面。通过这三个阶段的不断演进和发展，物流企业可以逐步实现物流数字化转型，提高运营效率，降低成本，提升服务质量和客户满意度。同时，数字化技术也可以帮助物流企业更好地应对市场变化和挑战，如客户需求多样化、市场竞争加剧等。

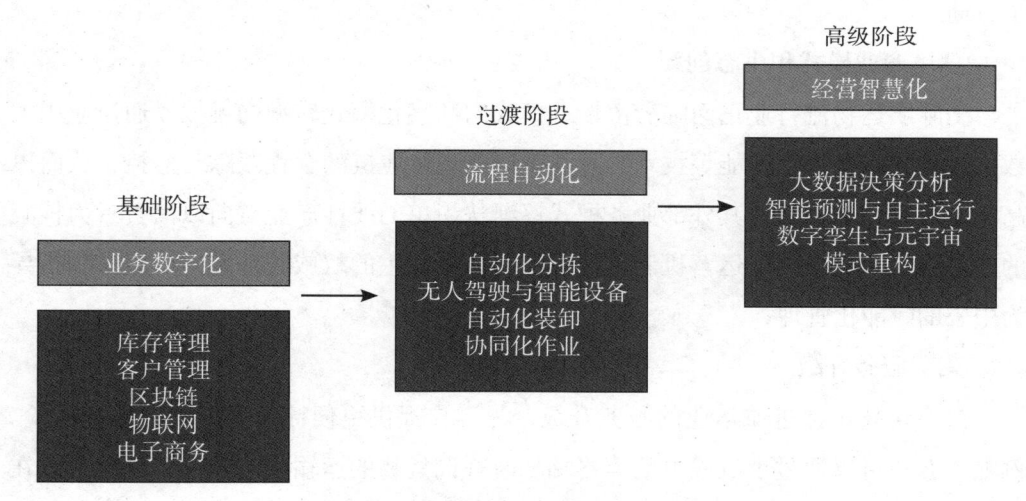

图1-4 数字化技术的不同发展阶段及应用场景

（1）业务数字化

在这个阶段，物流企业利用电子化、信息化的手段，将传统的纸质文档和人工操作转化为数字化信息，实现物流业务的在线受理、物流节点的全面可视、信息与资金的可靠流转等。

（2）流程自动化

在业务数字化的基础上，物流企业利用智能设备、数字机器人、无人驾驶等相关技术，实现整个物流链条流程操作的自动化，有效提升了工作效率，同时也降低了人力成本。

（3）经营智慧化

在流程自动化的基础上，物流企业利用人工智能、大数据、数字孪生等相关技术，实现智能决策、自主运行，并能够"柔性"应对突发情况。

1.2.3 数字化技术对国际航运物流的影响

在当前的全球产业竞争环境中，数字经济已经成为影响企业成功与否的关键因素，同时也是企业实现数字化转型的关键所在。数字经济的特点在于其以互联网为基石，以数据资源为核心要素，以信息技术为关键驱动力，并将传统与创新的元素进行有机融合。在国际航运物流行业中，数字经济的飞速发展正深刻改变着行业格局，同时也对企业传统的发展战略和运营模式产生了重大影响。无论是在业务上还是在管理上，数字化转型的推进都将为航运企业带来极大便利，具体表现为以下几个方面。

（1）商业模式和生态创新

国际航运物流行业正面临着由传统模式向数字化模式转型的挑战。通过应用大数据、物联网、人工智能等技术，行业可以实现供应链的全程跟踪与监控，从而提高业务效率和准确性，其外部业务模式逐渐从简单的线性产业链向以消费者为核心的生态系统转变，内部运营机制也从以控制命令为主的权威管理转向以服务和指导为中心的赋能化管理。

（2）服务升级

数字化技术促进航运业的服务升级，为客户提供更便捷、更个性的服务体验。例如，客户可以通过手机或电脑等终端随时查询货物的运输状态和位置，还可以在线上完成退换货等操作。这些服务的升级不仅提高了信息透明度和客户满意度，也推动了航运企业的业务拓展和盈利能力的提升。

（3）提高可持续性

通过数字化技术，航运企业可以优化运输路径和运输方式，减少运输时间和成本，降低能源消耗和碳排放。例如，利用大数据分析制订更为合理的航线规划，减少船舶绕行和空载等情况；配置脱硫塔技术、风帆助航设备等减少船舶对环境的污染，提高航运业的可持续性。

（4）创新发展

数字化技术为航运业的创新发展开辟了广阔的空间。数字化技术的应用为航运业催生出了一系列新模式、新业态、新服务，为行业的持续发展注入了强大的动力。例如，基于区块链技术的智能合约能够实现货主和船东之间的自动履约，从而提高交易的透明度和可信度，为航运业带来更高效、更可靠的运营方式；基于大数据的预测分析可以帮助企业更好地把握市场趋势和客户需求，制订更为精准的经营策略。这些创新为航运业的未来发展提供了无限可能。

1.3 航运数字化的环境效益和社会效益

1.3.1 航运数字化的环境效益

随着科技的飞速发展和全球化进程的加速，航运业面临着日益严峻的环境挑战。数字化技术的引入和应用为航运业带来了新的发展机遇，同时也为环境保护带来了新的可能性。

（1）减少碳排放

航运数字化转型在减少碳排放方面具有显著作用。通过引入先进的数字化技术和智能化系统，航运企业可以更精确地规划航线，减少不必要的航行和碳排放。例如，利用大数据分析和人工智能技术，可以对海运航线进行优化，减少绕行和空驶，从而降低能源消耗和排放。

（2）优化能源利用

航运数字化转型可以优化能源利用方式，提高能源利用效率。通过引入智能化的能源管理系统，航运企业可以实时监测和调整船舶的能源消耗，确保能源得到充分利用。例如，利用传感器和监控设备对船舶的发动机、锅炉等重要设备进行实时监测，及时发现和解决能源浪费的问题。

（3）降低噪声污染

航运数字化转型可以降低噪声污染，减少对周围环境的影响。船舶是港口噪声的主要来源之一，其主机系统、辅机系统以及运行时的水下噪声是噪声的主要贡献因素。船员在长期的船舶噪声污染下身心都将受到严重伤害。引入数字化的发动机控制系统和先进的船舶设计，可以降低船舶的噪声水平。例如，利用数字技术和智能化系统，可以精确控制发动机的转速和功率输出，减少噪声的产生。此外，优化船舶设计，可以降低船舶在航行过程中的流体动力噪声，进一步减少噪声污染。

（4）提升船舶能效

航运数字化转型能够提升船舶能效。引入先进的数字化技术和智能化系统，可以对船舶进行改造或升级为智能船舶，进而提高船舶的能效。具体来说，利用智能化的船舶设计和制造技术，可以优化船舶的结构和设备配置，实现能效的提升。这种数字化转型有助于推动航运业朝着更加环保、高效的方向发展。

（5）促进绿色技术创新

航运数字化转型可以促进绿色技术创新的发展。引入先进的数字化技术和智能化系统，可以推动绿色技术在航运业的应用和创新。例如，利用大数据分析和人工智能技术，可以研发和应用更环保的燃料与能源技术，提高能源利用效率和环保性能。

总之，航运数字化转型在环境效益方面具有显著作用。引入先进的数字化技术和智能化系统，可以帮助航运企业减少碳排放、优化能源利用、降低噪声污染、提升船舶能效以及促进绿色技术创新等，实现可持续发展目标。

1.3.2 航运数字化的社会效益

数字化转型发展对于企业社会责任具有显著的赋能作用，进而能够显著提升企业的社会责任表现。[6]数字化技术的应用可以帮助航运企业实现更高效、更精准的运营管理，确保供应链上下游信息的良性及时互动，提高服务质量并降低成本。例如，通过数字技术和数据分析，可以优化航线规划，提高船舶的运输效率，减少能源消耗和排放，从而降低对环境的影响。此外，数字化转型还可以促进航运企业的创新发展，推动其在绿色环保、节能减排等方面的技术创新和应用，更好地实现可持续发展目标。

航运企业的数字化转型对其履行社会责任也具有积极的推动作用。数字化转型可以提升企业的透明度和规范性，加强与利益相关者的沟通和合作，从而更好地履行社会责任。通过数字化的信息平台，企业可以及时为客户和合作伙伴提供准确的信息和数据，增强企业的透明度和信誉度。

此外，航运企业的数字化转型也与我国应对百年未有之大变局的新发展理念相契合。在当前的全球经济形势下，我国正在积极推动数字化经济的发展，鼓励企业进行数字化转型和创新。航运企业的数字化转型不仅能提高其自身的竞争力和价值创造能力，还有助于推动我国经济的绿色、高质量发展。通过数字化转型，航运企业能够更好地融入全球经济体系，提升其在国际市场上的竞争力和影响力。数字平台的引入和应用，可以显著提升航运企业的生产效率和服务质量，同时优化资源配置，提升社会福利水平。例如，通过数字平台的应用，航运企业可以实时监控船舶的运行状态和货物运输情况，提高运输效率和服务质量，同时也可以加强对员工和客户的管理与关怀，提升其工作和生活质量。

本章课件

第 2 章
数字化关键技术

物联网、人工智能、区块链等数字化技术在船货实时监控、服务决策优化、提高安全性和效率、降低成本、增强供应链透明度等方面应用价值巨大,对实现航运服务智能化运营、提升航运业的整体性能和可持续发展不可或缺。

2.1 人工智能与机器学习技术

2.1.1 人工智能与机器学习的定义和基本概念

人工智能（artificial intelligence，AI）是一门旨在模拟、延伸和扩展人类智能的理论、方法和技术的新兴科学。机器学习（machine learning）的概念最初在20世纪50年代末被提出。起初它不局限于从数据中学习，还涉及机器推理等经典人工智能问题。直到20世纪后期，机器学习逐渐被专门用于描述从数据中进行学习与推理的过程。深度学习作为机器学习的一个子集，目前已成为机器学习领域最热门的研究方向之一。深度学习在各种监督模式识别问题中得到广泛应用，如图像识别、自然语言识别等，并在航运物流领域展现出巨大的潜力。图 2-1 描绘了人工智能、机器学习与深度学习之间的相互关系。

图 2-1 人工智能、机器学习与深度学习的关系

图灵测试是人工智能和机器人伦理领域中的一个核心概念。如图 2-2 所示，阿兰·图灵在 1950 年提出了著名的图灵测试，旨在评估机器是否具备与人类相似的智能行为能力。图灵测试为人工智能的研究和发展奠定了重要的理论基础，并对人工智能的早期发展产生了深远的影响。

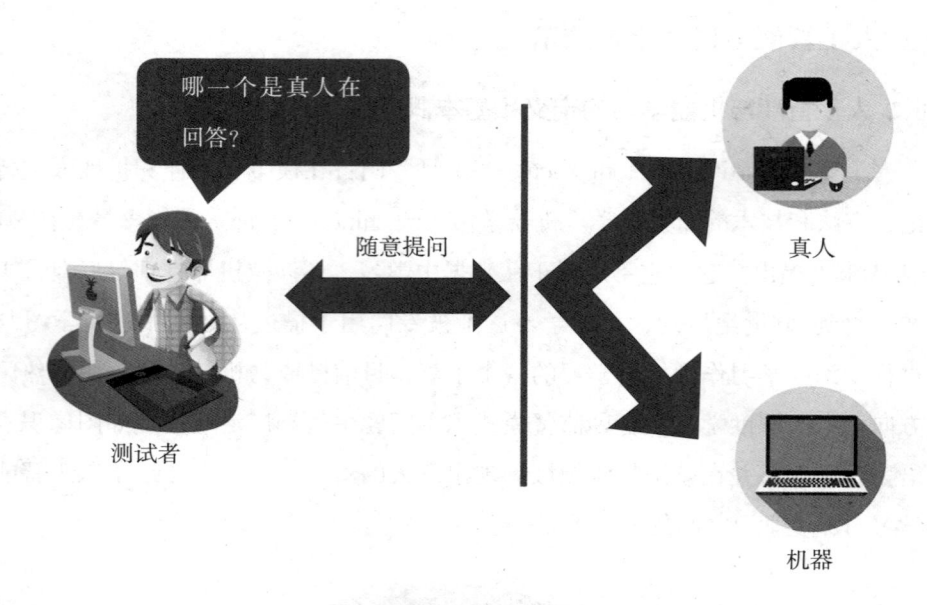

图 2-2　图灵测试示意

尽管图灵测试在人工智能领域具有显著的地位，但它并不能完全评估人工智能的能力水平。目前，根据人工智能是否具备自我认知能力，可以将人工智能划分为通用人工智能和专用人工智能两类。专用人工智能指的是针对特定任务或应用场景设计的智能系统，而通用人工智能则具备更广泛的应用能力和更高的适应性，能够处理多种任务和问题。通用人工智能具备类似于人类的智慧，能够执行任何智力任务，是人工智能领域的一种全局性把握和最高级的发展阶段。它具有类人级别的自我认知和思考能力，代表着人工智能发展的高级阶段。例如在围棋领域，谷歌人工智能公司DeepMind开发的阿尔法围棋（AlphaGo系统）通过深度学习和强化学习技术，成功击败了世界围棋冠军李世石，展示了专用人工智能在特定领域的卓越能力。这一案例充分说明了专用人工智能在特定任务上的优势，以及它在某些方面超越人类智能的潜力。然而，它并不具备自我认知和思考能力，只能在特定的应用领域内发挥作用。需要注意的是，目前通用人工智能还处于研究和探索阶段，而专用人工智能已经得到了广泛应用。然而，随着技术的不断进步和应用需求的不断变化，专用人工智能也将不断演进和发展，最终实现通用人工智能的目标。

此外，由于人工智能技术的应用涉及道德伦理、隐私和安全等问题，因此需要建立完善的人工智能伦理规范和监管机制。随着技术的不断发展和应用场景的不断扩大，人工智能在未来将发挥更加重要的作用。

2.1.2 人工智能与机器学习的主要应用领域

人工智能和机器学习在各个领域中得到了广泛应用，对社会和经济产生了深远影响。表2-1汇总了一些人工智能和机器学习广泛应用的领域示例。表中只是人工智能和机器学习应用领域的一部分。随着技术的不断发展，人工智能与机器学习的应用领域将继续扩展，带来更多创新和改变。

表2-1 人工智能和机器学习应用领域

应用领域	应用场景
医疗保健	用于医学图像分析、疾病诊断、药物研发、基因组学研究等，帮助医生更准确地诊断疾病，提前发现潜在的健康问题
金融领域	用于风险管理、欺诈检测、股票市场预测、信用评估等，可以分析大量数据，提供更好的决策支持，降低风险
零售业	用于推荐系统、定价策略、库存管理等，开设无人零售商店，为顾客提供更便捷、智能化的购物体验
交通运输	用于车辆的自动驾驶路径规划与自主避障，城市交通远程通信与路网监控，智慧停车、高速公路无感支付、逃费稽查等
能源领域	用于能源消耗优化、电力需求预测、可再生能源管理等
制造业	用于智能制造生产流程优化、质量控制和设备维护，提高生产效率并减少生产成本
农业	用于农业机器人作物监测、病虫害检测、精准施肥与灌溉等，提高农作物产量并减少资源浪费
教育	个性化教育是一个重要的应用领域，AI可以根据学生的学习风格和进度，提供定制化的学习材料和反馈
娱乐业	AI在游戏开发、内容推荐、音乐和艺术创作方面有应用，它可以创造出更具互动性和创新性的娱乐体验
语言处理	用于语音识别、文本分析与写作、机器翻译、情感分析、信息过滤与监控等，使计算机更自然地与人类进行语言交互

2.1.3 人工智能与机器学习在航运业中的具体应用案例

人工智能和机器学习在航运业中的应用可以涵盖多个方面，从船舶姿态控制到航运路径规划，再到货箱跟踪和自主避障，这些技术正在逐步改变航运业的面貌。

（1）船舶姿态控制

人工智能和深度学习技术在船舶姿态控制中具有显著的应用价值。深度学习技术可以通过对船舶姿态数据的深入分析，构建预测模型，进而实现船舶姿态的精确预测与控制。为了获得可靠的预测结果，需要对船舶姿态数据进行大规模的学习和训练，以充分挖掘数据的内在规律和关联性。通过这种方式，深度学习技术能够为船舶姿态控制提供有力支持，提高船舶航行的稳定性和安全性。人工智能技术也可以通过对船舶姿态控制系统和环境因素的优化，提高船舶的操纵性和稳定性。例如，通过调整船舶的推进器和舵机，可以改变船舶的运动状态和航向，从而实现姿态控制。人工智能技术凭借其强大的数据处理与分析能力，通过深入应用数据挖掘技术和高精度的模式识别算法，能够在船舶姿态控制领域发挥重要作用。它能够实时监测并分析船舶运行过程中的各类数据，包括航行姿态、速度、方向及外部环境因素等，从而精准地识别出任何异常的航行行为或是潜在的安全风险。例如，如果船舶在某些航行条件下出现不稳定的情况，人工智能可以通过对历史数据的分析，发现这种不稳定性出现的规律和条件，从而及时采取相应的预防措施。最后，人工智能和深度学习技术还可以通过与其他智能化技术结合，实现更高效的船舶姿态控制。例如，通过与智能传感器技术的结合，可以实现实时的环境监测和船舶姿态调整。

（2）航运路径规划

传统的航运路径规划方法通常基于固定的航线设计和船舶交通管理系统，缺乏对实时环境因素和动态变化的考虑。而人工智能和深度学习技术的引入，可以用于学习和建模航线数据，实现最短路径或最优路径的选择，使得航运路径规划更具灵活性和适应性。首先，人工智能和深度学习技术可以处理大规模的数据集，包括船舶位置、航速、风速、水流等实时数据，以及气象、海况等环境数据。通过对这些数据的分析，人工智能可以学习船舶航行的规律和环境因素的变化趋势，从而为船舶提供更优的航行路径建议。同时，人工智能和深度学习技术突破了传统线性规划求解器的局限性，可以处理复杂的非线性问题，例如船舶操纵、流体动力学等问题。这些问题通常难以用传统的数学模型进行精确描述，而人工智能可以通过对大量数据的训练和学习，自动识别和预测船舶航行的各种状态和行为。此外，通过对船舶航行历史数据和实时数据的分析，人工智能也可以预测船舶可能遇到的危险和障碍，并及时采取相应的避险措施。同时，人工智能还可以通过数据挖掘和模式识别技术，发现船舶航行中的异常行为和潜在风险，从而预防潜在事故的发生。[7]

（3）货箱跟踪

机器学习可以实现货箱自主跟踪。例如，一种基于卷积神经网络的目标跟踪方法能够通过对目标数据进行深入学习和精确建模，实现自动化的目标跟踪。这种方法旨在提高货箱目标跟踪的准确性和实时性，以满足物流和运输行业的实际需求。

利用卷积神经网络的强大学习和识别能力，这种方法能够有效地跟踪货箱的位置和运动轨迹，提高物流运作的效率和准确性。人工智能在货箱目标跟踪中的应用主要包括图像识别、语音识别和数据分析等方面。图像识别技术能够自动识别货物的外观特征，实现货物的自动分类和标记。通过语音识别技术，系统可以根据用户的语音指令，自动更新货物的状态信息，并为用户提供实时的跟踪结果。数据分析技术可以对货物的运输数据进行分析和预测，及时发现异常情况并采取相应的措施。此外，人工智能在货物跟踪中还应用了智能传感器技术，通过在货物上安装传感器，可以实时获取货物的位置、温度、湿度、振动等信息。传感器将这些数据传输给人工智能系统进行分析和处理，从而实现对货物的实时跟踪。

（4）自主避障

机器学习可以用于学习和建模环境数据，实现自主避障，提高船舶在复杂环境中的适应性和安全性。人工智能在自主避障中的应用主要体现在机器人技术领域，旨在让机器人能够在复杂环境中自动识别并避开障碍物。[8]

一种常见的自主避障方法是采用如图 2-3 所示的栅格法进行避障控制的。该方法将机器人的工作环境进行栅格划分，并为每个栅格赋予一个通行因子。在搜索过程中，通常使用四叉树或八叉树来表示工作空间。栅格法采用最小栅格粒度作为基本元素，将地图划分为一系列栅格。在栅格地图中，自由区域被赋予的值为 0，障碍物区域或包含障碍物的区域则被标记为 1。这个过程会一直持续到每个区域中的所有基本单元都只包含 0 或 1，从而在计算机中更容易构建出一幅可用于路径规划的地图。栅格粒度越小，障碍物的表示精度越高，也就越有利于避开障碍物。然而，较小的栅格粒度需要占用大量的存储空间，并且算法的复杂度也会相应地呈指数级增长。因此，在选择栅格粒度时需要权衡精度和存储空间的需求，以及算法的复杂度。[9]

2.1.4 人工智能与机器学习的未来发展趋势和挑战

随着人工智能与机器学习的不断发展，未来的发展趋势和挑战将主要体现在以下几个方面。

（1）数据驱动的决策

随着传感器技术的发展，将会有更多的数据被收集并用于训练机器学习模型。这些数据不仅包括船舶的姿态、航速、航向等船舶状态数据，也包括气象、海流、障碍物等环境数据。利用这些数据，可以更准确地预测船舶的行为，优化航行路

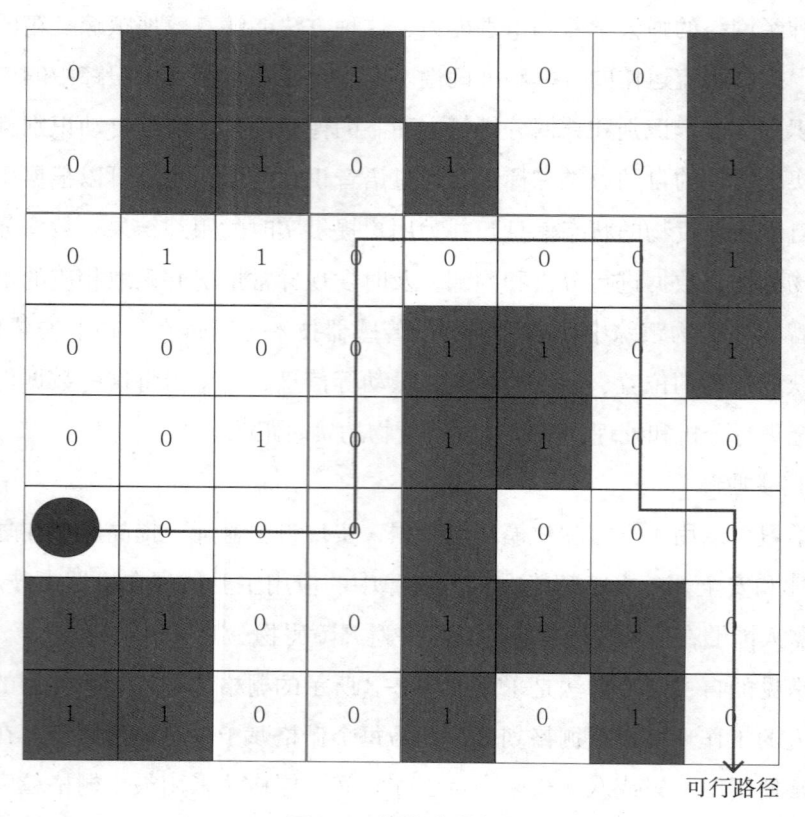

图 2-3　栅格法避障示意

径，提高航行的效率和安全性。然而在航运领域，由于受到外部作业环境和资源等的限制，需要清除噪声和误差等对数据的影响。对数据进行有效清洗和预处理，获取大量高质量数据是一项艰难的任务。

（2）深度强化学习和迁移学习

随着深度学习技术的发展，尤其是深度强化学习和迁移学习的研究，机器学习算法性能将不断提高。这些技术能够让机器从少量的数据中学习到复杂的行为模式，并将其应用到新的业务场景中。

（3）可解释性和透明度

对于自主航行系统来说，其决策过程和结果的透明度至关重要。因此，未来的研究将更加注重开发可解释的机器学习模型，使人们能够理解机器学习算法的决策过程和结果。这将有助于提高自主航行系统的可靠性和安全性。

（4）实时性和稳定性

自主航行系统需要在实时性和稳定性方面做到优秀。未来的研究将致力于开发高效、稳定的机器学习算法，以便在实时环境中做出决策。未来的研究也将更加注重提高机器学习算法的安全性和鲁棒性，防止由恶意攻击或者错误数据导致的系统失效。

（5）跨领域融合

随着技术的发展，机器学习方法将被应用到更多的领域中，如自动驾驶汽车、无人机、航空航天等。这些领域的研究将相互借鉴并融合，从而推动机器学习技术的发展和应用。

总的来说，人工智能和机器学习的未来发展趋势将是数据驱动的决策、深度强化学习和迁移学习的广泛应用、可解释性和透明度的提高、实时性和稳定性的增强以及安全性和鲁棒性的提升。同时，随着跨领域融合的深入进行，人工智能和机器学习的应用前景将更加广阔。

2.2 物联网与传感器技术

2.2.1 物联网与传感器的定义和基本概念

物联网，也被称为"internet of things（IoT）"，这种网络能够广泛应用于如图 2-4 所示的各个行业，将现实世界中的各种物品与互联网相互连接，形成一个巨大的"物物相连的互联网"。

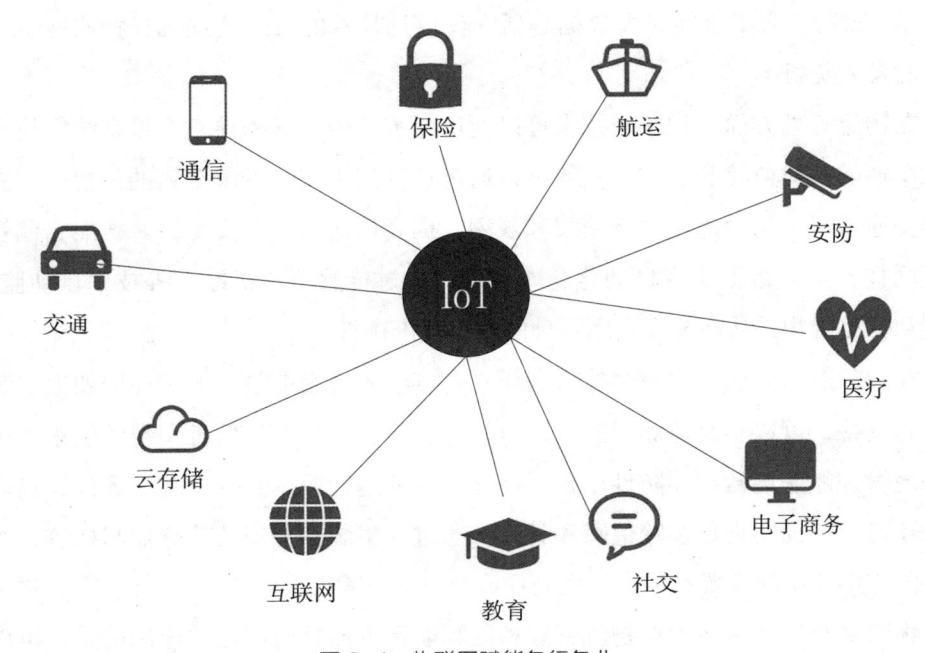

图 2-4 物联网赋能各行各业

传感器是能够检测和响应外部环境（如光、温度、湿度、压力等）变化并输出电信号的装置。传感器是物联网中重要的组成部分，它们充当着物联网"感知器官"的角色，负责采集各种物理量、化学量和生物量等信息，并将这些信息转化为电信号或数据，以便后续处理和控制。

传感器为物联网提供了感知和识别外部环境变化的能力，被广泛应用于智能家居、工业自动化、环境保护、医疗健康等各个领域。例如，在智能家居领域，传感器可以检测室内温度、湿度和空气质量，并通过物联网平台将这些信息传递给用户，以便用户进行调控；在工业自动化领域，传感器可以检测机器的运行状态和生产线的生产情况，帮助企业实现自动化生产和质量控制；在环境保护领域，传感器可以检测空气质量、水质和噪声等环境参数，帮助政府与环保机构进行环境监测和治理；在医疗健康领域，传感器可以检测患者的生理参数和健康状况，帮助医生进行诊断和治疗。

2.2.2 物联网与传感器的主要应用领域

物联网从应用领域角度可分为消费级物联网与工业级物联网。消费级物联网包含一些日常生活中的智能家居、共享单车、智能穿戴设备等，工业级物联网则主要包含一些制造业、运输业、建筑业等具有成熟商业模式的行业。伴随第五代移动通信技术（5G）、人工智能、大数据等新一代信息技术的飞跃式提升，物联网也迎来了新的发展契机。

在物流管理方面，物联网技术可以通过标签、传感器和导航卫星系统等技术实现对车辆的实时监控和管理。企业可以通过这种技术实时了解车辆的位置、行驶状态和交通情况，从而优化运输路线和规划，提高运输效率和安全性。智能仓储管理物联网技术可以帮助实现自动化仓库管理，通过传感器和机器人等技术自动监测、识别和分类货物，从而提高仓库管理的效率和准确性。

在国际航运方面，物联网技术同样具有广泛的应用前景。通过在船舶上安装传感器和设备，可以实时监测船舶的运行状态、位置、速度等信息，帮助船东和租家更好地管理船舶运营和预防性维护，提高船舶的运营效率和安全性。此外，物联网技术还可以帮助实现集装箱追踪和管理，通过在集装箱上安装传感器与标签，可以实时监控集装箱的位置和状态，提高物流效率与准确性。

物联网与传感器技术在物流管理和国际航运方面具有广泛的应用前景，可以提高物流效率和安全性，降低成本，并为企业提供更准确及时的数据分析和服务，逐步改变航运物流领域的运营方式。[10]除此之外，物联网与传感器技术在各个领域发挥着重要作用，表2-2汇总了一些物联网与传感器技术的应用领域示例。

表2-2 物联网与传感器技术应用领域

应用领域	应用场景
环境监测	空气质量、水质、噪声监测，气象监测，环境保护，城市规划
智能家居	智能门锁、智能灯光、智能窗帘、智能家电，家庭安全系统等
工业自动化	生产线、设备状态、物流监测，工厂自动化改造等
智能交通	车辆、交通流量、道路状况监测，智能交通信号控制等
医疗健康	健康监测，疾病预防，医疗设备监测，远程医疗等
智慧城市	智能停车，基础设施管理，城市噪声、交通拥堵监测，智能照明等
农业科技	土壤、气候、植物生长监测，农业大数据分析等
能源管理	电力监测，能源效率监测，电力需求响应，智能电网建设等
物流管理	包裹追踪，冷链物流，智慧仓储管理等
教育科研	教育资源管理，学生追踪，科研数据采集等

2.2.3 物联网与传感器的未来发展趋势和挑战

目前，物联网和传感器技术仍在不断发展完善中，在提高设备的可靠性和稳定性、实现高效数据传输和处理、保证设备的互操作性和兼容性等方面还需要进一步提高。此外，随着物联网设备的普及，数据安全和隐私保护问题也日益突出，如何保障数据的安全性和隐私性，避免数据泄露，是物联网发展面临的重要挑战之一。[11]同时，航运物流领域的应用场景复杂多变，不同的应用场景对设备的要求也不同，如何满足不同应用场景的需求，提供定制化的解决方案，也是物联网发展面临的重要挑战之一。

随着物联网技术的发展，航运物流领域的物联网设备将越来越智能化，能够自动检测和调整自身的状态以适应环境变化，同时还可以与其他设备和系统进行无缝协作。这将使得设备具有更高的自适应能力和可靠性。同时，随着未来通信技术的发展，物联网设备的连接范围将更广，连接速度将更快。这将为物联网应用的发展提供更好的网络基础。此外，随着边缘计算技术的发展，数据处理和分析的负载将更加靠近设备本身，这将提高数据处理的速度和效率，同时减少数据传输的安全风险。另外，伴随着消费者对个性化的追求，定制化将成为航运物流领域物联网设备的一个重要趋势。

2.3 区块链与数字加密技术

2.3.1 区块链与数字加密技术的定义和基本概念

区块链技术最初出现在"Bitcoin: A peer-to-peer electronic cash system"[12]一文中，起初应用于比特币交易。该技术采用数字加密技术对数据传输、存储和验证进行保护。在区块链中，非对称加密技术被广泛应用于数据传输，其中公钥用于加密数据，私钥用于解密数据。这种加密方式确保只有私钥持有者才可以解密数据，从而保障数据传输的安全性。区块链涉及非对称加密、智能合约、P2P协议、共识机制和块链结构等多种技术，具有去中心化、不可篡改等特性。实际上，区块链是一种去中心化的分布式账本技术，利用密码学方法确保数据交换和记录的安全性与可信度。

在区块链中，针对数据的安全性和真实性保障采用了多种技术手段，其中最为核心的是哈希（Hash）函数和默克尔（Merkle）树。哈希函数在区块链中扮演着至关重要的角色，它是一种将任意长度的数据转化为固定长度的哈希值的技术。这一过程是不可逆的，意味着无法从哈希值中还原出原始数据。此外，哈希函数具有数据完整性和不可篡改的特性，确保了存储在区块链上的数据是真实、准确的，并且没有被篡改或伪造。默克尔树是区块链中用于高效验证大量数据的结构。它将数据的哈希值层层嵌套，形成一种树状结构。树的根节点代表所有数据的完整性和内容，而每个分支节点则是其子数据的哈希值。这种结构使得验证大量数据的完整性和真实性变得非常高效，大大提高了区块链的效率和可扩展性。通过结合哈希函数和默克尔树等技术，区块链确保了数据的完整性、不可篡改性和可验证性，为各行各业提供了安全、可靠、透明的数据存储和验证解决方案。根据"区块链"的名称，不难得知它是由一个个区块按照一定的顺序串联而成的链式结构。这些区块在链中按照时间顺序排列，每个区块都与其前一个区块通过一个特定的值——"父区块哈希值"相连接。这个哈希值是当前区块对其前一个区块的唯一标识，通过这个值，可以追溯到链中上一个区块，这种连接方式使得每个区块的数据都得到有效的验证和保护。图2-5展示了链式结构及区块内部结构，区块头用于存储本区块的相关属性，区块体用于存储具体交易数据。[13]

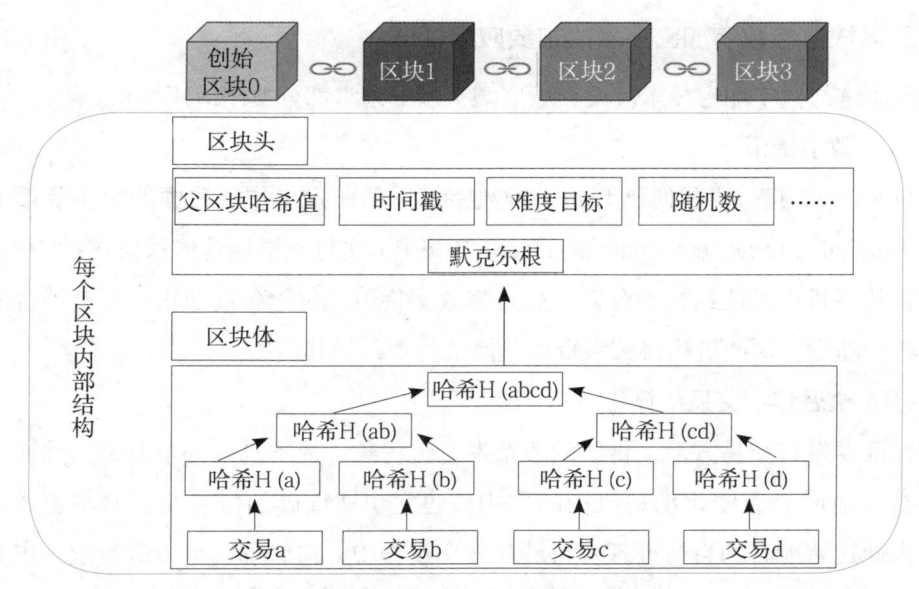

图 2-5　区块链的链式结构及区块内部结构

如图 2-6 所示，区块链根据数据的读写权限和管理权限的差异可以分为三类。其中，公有链也称为非许可链，是完全去中心化的管理机构。在网络中，各个节点可以自由加入和退出。私有链归属于某一组织或者机构，例如蚂蚁金服、富士通等。联盟链也叫许可链，与公有链相比，其所拥有的节点数量较少，通过授权的方式加入和退出。

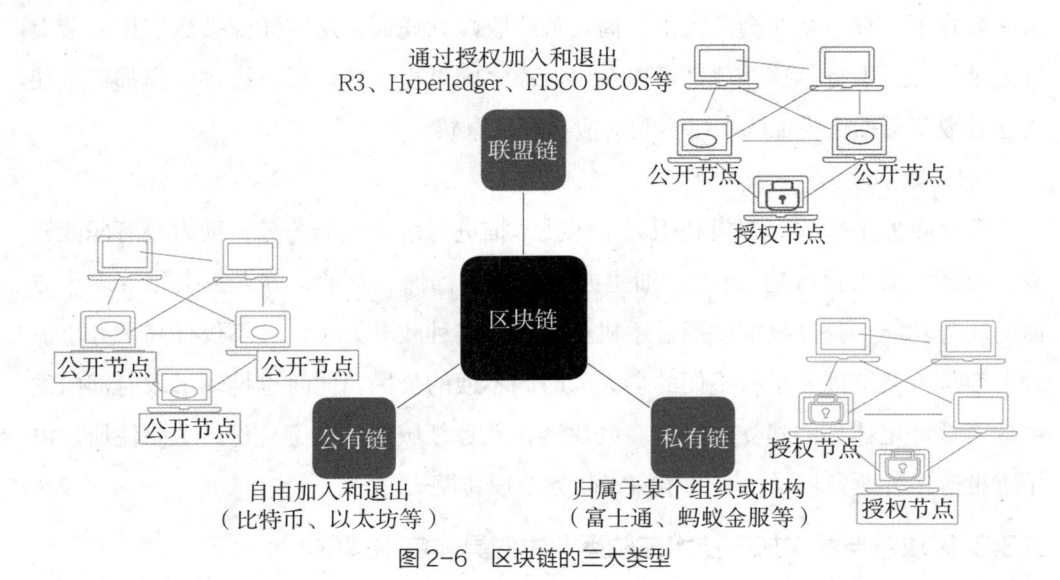

图 2-6　区块链的三大类型

2.3.2 区块链与数字加密技术的主要应用领域

区块链与数字加密技术应用领域广阔，以下列举部分典型应用场景。

（1）数字货币

自 2014 年起，我国便已开始央行数字货币的研发工作。我国的数字货币电子支付（digital currency electronic payment，DC/EP）实行双层运营体系模式：央行并不直接将数字货币发放给社会公众，而是将数字货币兑付给各商业银行或其他合法运营机构。随后，这些机构将数字货币兑换给公众，供其使用。[14]

（2）金融资产交易结算

在证券发行交易方面，传统的股票发行流程长、成本高且环节复杂。然而，区块链技术能够显著弱化承销机构的作用，建立快速准确的信息交互共享通道，使发行人通过智能合约自行办理发行。在这一过程中，监管部门可以进行统一审查核对，而投资者也可以绕过中介机构进行直接操作，进一步简化了发行流程并降低了成本。

在数字票据和供应链金融方面，区块链技术可以有效解决中小企业的融资难问题。目前的供应链金融很难惠及产业链上游的中小企业，因为它们跟核心企业往往没有直接贸易往来，金融机构难以评估其信用资质。借助区块链技术，可以构建一个联盟链网络，该网络覆盖了核心企业、上下游供应商以及金融机构等参与者。在这种模式下，核心企业会向其供应商发放应收账款凭证，这些凭证被数字化后会上链记录。一旦上链，这些凭证可以在供应商之间进行流转。每一级供应商都可以使用这些数字票据作为证明，以实现对应额度的融资。

（3）数字政务

数字政务是指政府部门利用数字化技术推进与落实政府公务，助力政府职能转变。以浙江省人民政府为例，"浙里办"囊括了社保、就业、养老、文化等多个方面的政务功能，公民只需要通过手机就能完成多种政务办理，这不仅提高了办事流程，而且方便了许多出行不便的老人和时间不便的公民，同时也推动了政府部门的绩效考核评定体系的建立与完善。区块链在政务领域涉及数字身份、工商注册、电子审批等多种业务场景，有助于探索政务处理新模式。

2.3.3 区块链与数字加密技术在航运业中的具体应用案例

区块链作为一种典型的分布式交易账本，是非常适合解决航运业中存在的信息不互通、商品信息可追溯性差、交易过程中存在大量纸质文件而且相关文件被伪造、篡改和丢失的风险高等问题的一种技术。

区块链的应用可以有效地解决当前航运业面临的许多挑战，包括但不限于证书管理、船舶报告和数据共享等方面。以下是基于以上内容的区块链在航运业中的应用。

（1）区块链在证书管理中的应用

区块链技术可以有效地管理船舶、船员和货物证书等文件。通过区块链平台，所有证书都可以被数字化存储并实现无纸化管理。这不仅可以提高证书管理的效率和准确性，还可以避免纸质证书在传递和使用过程中出现的丢失、被篡改等问题。同时，区块链的不可篡改性可以确保证书的真实性和有效性，为口岸查验提供可靠的依据。

（2）区块链在船舶报告中的应用

区块链技术为远洋船舶在海事日常督导检查中谎报、漏报信息这一难题提供了解决方案。由于其不可篡改的特性，海事部门能够更加方便地检查，确保船舶信息真实准确，无须担心信息失真问题。

（3）区块链在船舶与海洋工程行业数据共享中的应用

船舶与海洋工程行业具有产业链覆盖面广、协同流程多、生命周期长等特点，因此产业链各单位之间存在大量的数据流转需求。区块链技术能够实现产业链多方的数据共享，减少重复录入工作量，提高效率，并确保数据的存证和可追溯性。建立基于区块链的数据共享平台，可以实现产业链各单位之间的数据共享和协同工作，提升信息的透明度和可信度，进而提高整个产业链的效率和可靠性。

2.3.4 区块链与数字加密技术的未来发展趋势和挑战

作为一个古老且相对传统的行业，航运业对区块链等新兴技术的接纳需要一定的时间。虽然区块链是一个去中心化的工具，但是航运业所涉及的海关、海事等国家主权部门中心化程度较高，这在一定程度上影响了区块链的应用。因此，如何平衡与调节两方的关系是目前面临的主要挑战。

区块链运作环节，也就是俗称的"挖矿"过程，往往伴随着大量的能源消耗与浪费，这与国际海事组织（International Maritime Organization，IMO）推行的绿色航运理念相悖。在这一环节中，温室气体排放甚至有可能比无纸化作业所减少的碳排放还要多。另外，由于区块链在航运业中的应用仍然处于相对初级阶段，大部分公司对此项业务仍然保持观望态度，业界也缺乏关于区块链标准化的相关条文法规，因此在实际操作中还存在着许多未知的商业风险。

  针对这些挑战，未来区块链与数字加密技术研究应提出一些具体的解决方案和建议，包括加强技术研发和应用实践、完善法律法规和行业标准、推动业务模式转型、优化成本和投资回报等。

本章课件

第 3 章
数字化航运技术

先进的信息技术、人工智能和数字化工具有效促进了航行系统和装备智能化发展,提高了船舶运营效率和精度,同时为船舶的安全和环保提供了更加智能化的支持。

3.1 船舶自动识别系统（AIS）

3.1.1 AIS技术简介

自从2002年《国际海上人命安全公约》（International Convention for Safety of Life at Sea，SOLAS公约）强制推行船舶自动识别技术（automatic identification system，AIS）以来，AIS技术在全球航运业中获得了广泛关注。[15]AIS是一种利用船舶自动识别设备进行船舶间避碰和信息交换的重要航海技术。它通过在海上甚高频（very high frequency，VHF）的工作，按照规定的通信方式和运作模式，利用VHF信号与其他装有同类设备的船舶自动实时交换动态信息，对附近海域船舶实施监视并自动计算目标船舶的最近会遇距离（distance to closest point of approach，DCPA）和最近会遇时间（time of closest point of approach，TCPA），以提供有助于避碰的信息，有效预防船舶碰撞等海上事故的发生。

AIS不仅具有自动识别和交换船舶动态信息的功能，还可以在船舶的航标和搜寻救助等方面进行应用。作为一种新型的助航系统，AIS能自动交换船位、航速、航向、船名、呼号等重要信息，是不用雷达探测也能获得交通信息的有效手段。特别是在能见度不高、夜间航行的水域，AIS可以有效减少船舶碰撞事故，提高航行的安全性。AIS共有27种不同类型的消息报文，分别发挥着不同作用。从功能角度，AIS可以分为静态信息、动态信息、航行信息、与安全有关的短消息共四种类型，具体如表3-1所示。

表3-1 AIS的四种消息类型

项目	静态信息	动态信息	航行信息	与安全有关的短消息
信息内容	水上移动业务标识码（MMSI） 国际海事组织船舶代码 船名 呼号 船长 船宽 船舶类型 全球导航卫星系统（GNSS）天线位置	船位 协调世界时（UTC） 对地航速 航向 航行状态 转向率	船舶吃水 危险品 目的港 预计到达时间	

续表

项目	静态信息	动态信息	航行信息	与安全有关的短消息
信息更新频率	每6分钟或数据被修改时或根据请求	2秒到3分钟内，根据船速和航向的变化而改变	每6分钟或数据被修改时或根据请求	需要时更新

我国已在船舶上全面推广安装AIS设备，海事行政执法人员在开展船舶安全检查和现场监督检查时也会对AIS设备进行检查。AIS的主要功能如表3-2所示。

表3-2 AIS主要功能

功能	主要作用
识别船只	通过自动识别设备，AIS可以识别并区分其他船舶，提供船只的名称、呼号、航速、航向等信息
追踪目标	AIS可以实时监测周围船舶的动态，追踪目标船舶的航行轨迹，预测其未来位置，有助于避免碰撞
便于交流	通过AIS，船舶之间可以自动交换所需信息，无须人工操作，提高了信息交流的效率和准确性
避免碰撞	结合雷达、自动雷达标绘仪（ARPA）、电子海图显示信息系统（ECDIS）等设备，AIS可以提供全面的航行信息，有助于避免船舶碰撞事故的发生

3.1.2 AIS的分类

目前，AIS可分为三大类：A类（Class A）AIS、B类（Class B）AIS和AIS接收器（Receiver Type AIS）。其中，A类AIS主要采用自组织时分多址（SOTDMA）。国际海事组织规定所有300吨及以上的国际航行船舶和500吨及以上的非国际航行的货船都必须配备A类AIS。相比之下，B类AIS是专为中小型船舶设计的，接入方式主要采用载波侦听时分多址（CSTDMA）和自组织时分多址两种协议，比A类AIS配置更加简单且价格低廉。另外，AIS三种类型在通信协议、报文格式与更新速率等多个方面存在显著差异，具体的分类依据和适用情形已在表3-3中详细列出。

表3-3 AIS分类依据和适用情形

类型	分类依据和适用情形
A类AIS	接收与发射AIS信号 适用于国际海事组织AIS运输规定下需安装的船只 超过300吨国际航线商用船强制安装A类AIS

续表

类型	分类依据和适用情形
B 类 AIS	接收与发射 AIS 信号 国际海事组织尚未强制规定必须安装 B 类 AIS 的船只 适用于中小型或休闲用途船舶，用于提升海上航行安全
AIS 接收器	只限于接收 AIS 信号 无法发射 AIS 信号 适用于需要发射自身船只信息的休闲或其他用途船舶

3.1.3 AIS 的运作模式

如图 3-1 所示，AIS 的运作模式主要依赖于在海上 VHF 频段的工作，利用 VHF 信号实现数据的传输。具体来说，当 AIS 基站接收到 VHF 信号后，它会将数据传输至 AIS 指挥中心，并进一步通过网络实现 AIS 的远程监控。按照规定的通信方式和运作模式，AIS 系统在其专有的频道上利用 VHF 信号与其他船舶自动交换船位、航速、航向、船名、呼号等关键信息。此外，AIS 系统还能对附近海区的船舶进行监视，并自动计算目标船舶的最近会遇距离和最近会遇时间，提供有助于避碰的信息，从而有效预防船舶碰撞等海损事故的发生。

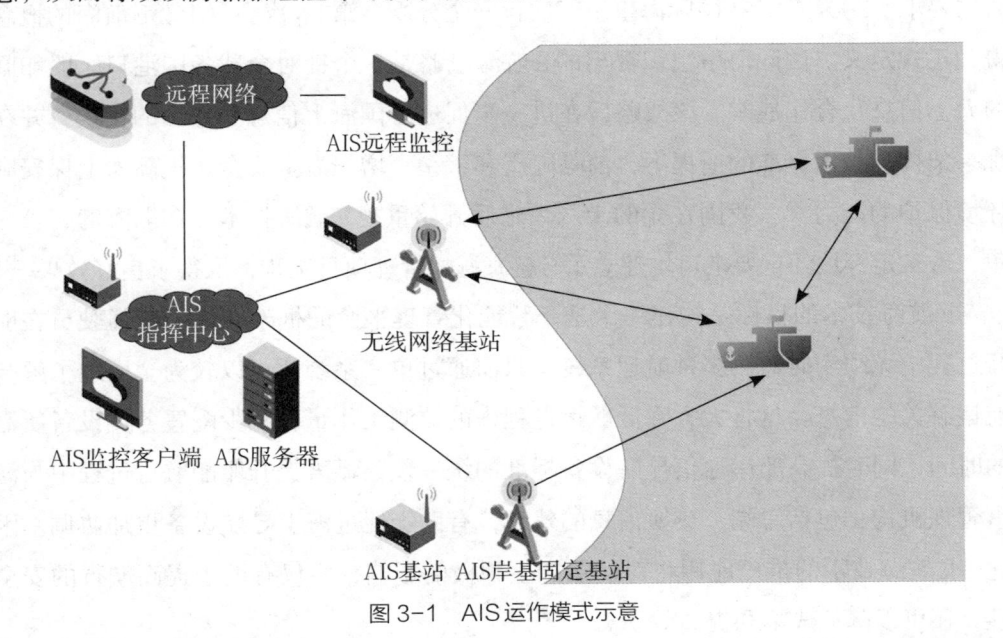

图 3-1 AIS 运作模式示意

在船舶航行过程中，AIS 系统可以结合雷达、自动雷达标绘仪、电子海图显示信息系统等设备，提供更为全面和准确的航行信息。通过自动识别和信息交换，AIS 系统不仅提高了航行的安全性和效率，同时也可以有效填补海事管理的空白。需要注意的是，AIS系统的运作模式可能会因不同型号、不同厂商生产的设备而有所差异，因此在具体操作时需要参考设备说明书或相关技术文档。

3.2 E航海

3.2.1 E航海技术简介

E航海是指电子航海系统（e-Navigation）。它是一种利用现代电子信息技术和通信技术来改善、增强航海安全与效率的系统。其核心思想是将现有的和未来的航海设备、航运系统等全部集中到一个智能化的管理平台中，以解决航行过程中存在的导航图通信和助航技术缺乏关联性的问题。它系统融合了航海领域的知识和技能，多种船上传感器及电子海图显示信息系统以及最新的信息技术，为航海提供了新的视角和工具。

E航海最初是在2005年由英国交通部提出的。同年11月，国际航标协会提出应在全球范围内建立E航海框架的设想。在2005年12月19日的国际海事组织海上安全委员会第81次会议上，美国、英国、日本等七个国家联名提出了制定E航海战略的要求。2007年，在国际海事组织航行安全分委会第53次会议上，E航海的概念得到正式定义。国际海事组织提出的E航海战略是一个针对全球各国港口、船舶间的海上信息化合作战略。该战略旨在进一步促进各国海上信息和数据的交换，并在统一架构和技术标准的前提下，消除障碍和壁垒，增强海上安全，提高海上保安和环境保护的能力。[16]我国在党的十八大之后开始重视E航海技术，在渤海湾、长三角、珠三角等地的重要港口均建立了E航海海洋管理项目工程，取得了良好效果。[17]

E航海技术的目标是构建一个基于智能化管理平台的框架，使船舶驾驶员在航行过程中无须实时监测多种航运系统，只需通过单一系统便可以较为全面地了解与航运有关的信息。这将大大降低航运过程中的监测工作量，减少配置各类设备所需的时间，同时提高船岸通信导航设备标准的统一性，显著提升船舶航行过程中与海事管理机构（包括岸端）交换信息的效率，有助于促进海上导航设备更加协调。因此，E航海技术的推广应用将对航运产生积极的影响，不仅有助于提高航行的安全性，还可以降低成本和提高效率。

3.2.2 E航海架构组成

E航海的技术基础主要包括网络通信、数据交换、数据处理和显示技术。这些技术使得航海人员能够实时获取、处理和显示各种航行信息，包括船舶位置、航向、速度、气象信息、海图信息等。同时，E航海还能提供决策支持，帮助航海人员做出更安全、更高效的决策。

如图3-2所示，E航海是一个综合性的概念，其总体架构涵盖了船岸环境以及连接船岸的物理通信链路。当前，E航海系统主要基于船载组合导航系统（integrated navigation system，INS）和综合船桥系统（integrated bridge system，IBS），通过集成各种船载传感器，融合了AIS、电子海图显示信息系统、自动雷达标绘仪以及船舶交通管理系统（vessel traffic system，VTS）等技术。这些技术的应用，使得船舶能够实时获取各种航行信息。相对地，岸基E航海系统则以海事局的VTS为核心，集成了相关的服务，以便于岸基操作人员理解和使用。该系统提供、交换和传输各种信息数据，从而实现对船舶航行的有效监控和管理。

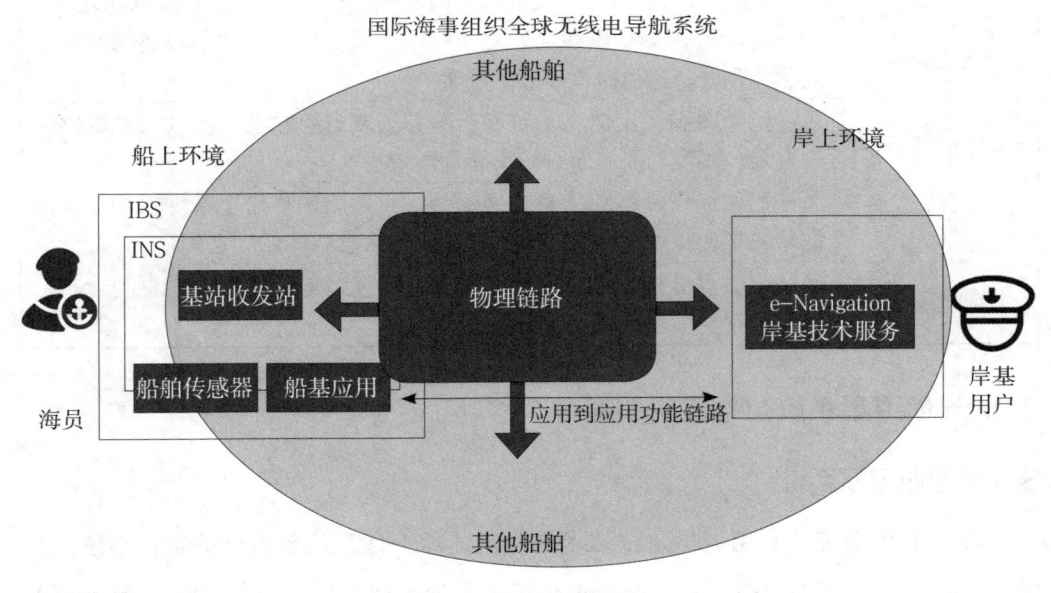

图3-2 E航海架构组成

E航海系统的构成主要包括数据采集与传输服务、增值业务处理服务和用户交互应用服务。从本质上说，E航海并非一项具体技术，而是一种概念或顶层设计。其目标是构建一个全面集成的平台，将现有和未来的航海设备与系统展现出来，以解决当前通信导航和助航技术之间的无关联性问题。这样，驾驶员在值班时只需通过一套系统就能全面掌握所需信息，从而减少工作量和设备配置所浪费的时间。同时，通过统一船岸通信导航设备的标准，提高了用户的使用效率以及船舶和海事管理机构之间的信息交换量，有助于促进海上导航设备的协调一致性。

3.2.3 E航海应用形态

现阶段的船基E航海系统深度融合了船上多种传感器、电子海图显示信息系统、自动雷达标绘仪等技术，便于获取各种船舶实时航行信息。岸上环境的E航海系统以海事局VTS为核心并集成相关服务，以便于岸基操作人员理解和使用的方式，提供、交换和传输各种信息数据。E航海系统的具体应用形态主要包括表3-4中的几大方面。

表3-4　E航海应用形态

应用形态	实现途径
航行监视	通过集成多种传感器和电子海图显示信息系统，实现对船舶航行状态的实时监控，包括位置、速度、航向、航道等信息的实时获取和处理
预警避碰	通过自动雷达标绘仪和船舶交通管理系统等技术，实现对周围船舶的监测和预警，避免碰撞事故的发生
航行规划与调度	通过电子海图显示信息系统和航路计划制订等功能，实现对航海路线的规划和调度，提高航行效率和管理效率
信息共享	通过船岸通信设备和信息交换平台，实现船舶与岸上管理机构之间的信息共享和交互，包括气象信息、航道信息、船舶动态信息等
智能决策	通过大数据分析和人工智能等技术，实现对航海数据的挖掘与分析，为船舶驾驶员和管理人员提供智能决策支持与优化建议

3.3　导航卫星系统与物联网的融合

3.3.1　导航卫星系统

导航卫星系统是利用卫星定位技术来确定地球上任意位置坐标的定位系统。目前，全球广泛使用的导航卫星系统主要包括美国的全球定位系统（GPS）、俄罗斯的格洛纳斯导航卫星系统（GLONASS）以及中国的北斗导航卫星系统（BDS）。北斗导航卫星系统是中国自主研发的全球导航卫星系统，是继GPS和GLONASS之后，全球第三个成熟的导航卫星系统。北斗导航卫星系统具备全天候、全天时为各类用户提供高精度、高可靠定位、导航、授时服务的能力，并且具备短报文通信功能。在系统建设过程中遵循了开放性、自主性、兼容性和渐进性的基本原则。[18]

北斗导航卫星系统由空间段、地面段和用户段三部分组成。空间段由地球静止轨道卫星、倾斜地球同步轨道卫星和中圆地球轨道卫星等组成，这些卫星共同构成了北斗系统的空间基础。地面段负责信号的接收、发送和传输等任务，包括主控站、时间同步/注入站和监测站等多个地面站，以及星间链路运行管理设施。用户段则包括兼容其他卫星导航系统的芯片、模块、天线等基础产品，以及终端产品、应用系统与应用服务等，为用户提供便捷的导航服务。北斗导航卫星系统有着广泛的应用，包括但不限于如图3-3所示的应用领域，在航运中主要用于船舶的定位、航道测量、气象观测，以及船舶与船舶、船舶与岸站之间的通信。

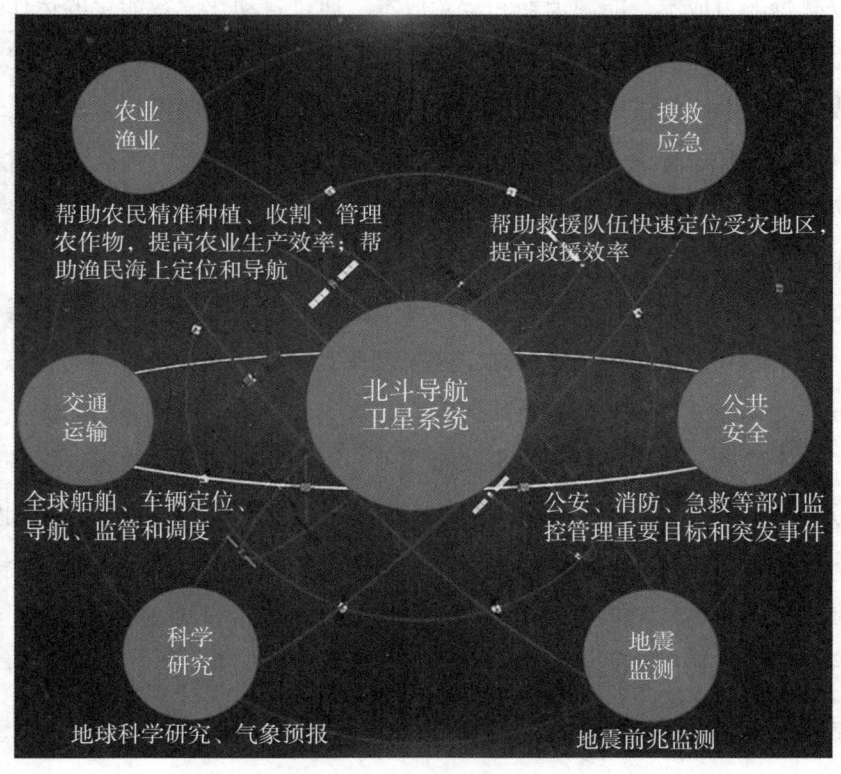

图3-3 北斗导航卫星系统主要应用领域

3.3.2 物联网技术

物联网是一种通过互联网对物品进行远程信息传输和智能化管理的网络。它利用各种传感器、识别器等设备收集数据，通过网络传输，实现数据的智能化处理和应用。物联网的核心在于物与物之间的连接和通信，从而使得各种物品能够相互交流信息，实现智能化管理和操作。

物联网是实现智能港口的重要支柱，其核心在于联通性。借助基于物联网的智能设备，港口内外的各种资产，包括船只、起重机、车辆、集装箱和货物等，都能实现良好的互联互通。所有设备都与一个强大的数据分析引擎独立连接，该引擎被配置为从整个系统中提取关键信息，从而确保每个设备都能针对各自的任务进行优化，为绿色生产和改进工作安全水平提供保障。

通过物联网技术，港口航运物流可以实现自动化、智能化运作，减少人工干预和错误，提高运作效率。例如，通过物联网技术对集装箱的追踪和定位，可以实时掌握货物的位置和运输状态，避免运输过程中的延误和丢失。同时，物联网技术的应用可以减少人力成本、能源消耗和运营成本。通过自动化、智能化的运作，可以减少人力干预和操作成本，同时通过优化能源使用和运营流程，可以降低能源消耗和运营成本，有助于促进航运业的绿色低碳转型。此外，物联网技术可以实现实时监测货物的状态和位置，及时发现异常情况并采取相应的措施，提高运输过程的安全性。例如，通过物联网技术对船舶的监测和定位，可以及时发现船舶的异常情况并采取相应的救援措施。

如图3-4所示，物联网在港口航运物流中的应用模式主要依赖于感知层中各类传感器、识别器和设备所收集的数据。这些设备实时监测和采集货物的状态、位置和数量等信息，并通过网络传输至数据中心。这实现了供应链各部门间的信息共享与交流。这些信息涵盖运输管理、集装箱管理、库存管理、订单管理、设备管理和客户服务等多个方面，从而实现对货物的实时追踪定位、运输过程的优化调整以及库存的统计和管理等功能。物联网在港口航运物流中的平台层则负责对整个系统进行管理和维护。平台层对各部门的数据进行整合与分析，实现数据的共享与应用。同时，平台层还监测和维护整个系统的运行状态，确保系统的稳定性和可靠性。

3.3.3 导航卫星系统与物联网的融合应用

航运物流是一个复杂且涉及大量资产的行业，包括船舶、港口设施、货物和人员等。提高效率和安全性是航运物流的核心需求。导航卫星系统与物联网的融合应用通过实时、精准的数据收集和分析，为航运物流提供解决方案。这种融合技术能够实现高度精确的定位、数据收集、信息传输和实时监控，从而提升航运的效率、安全性和可持续性。

（1）高精度定位与航道测量

通过将导航卫星系统与物联网结合，可以实现船舶的高精度定位和航道测量。

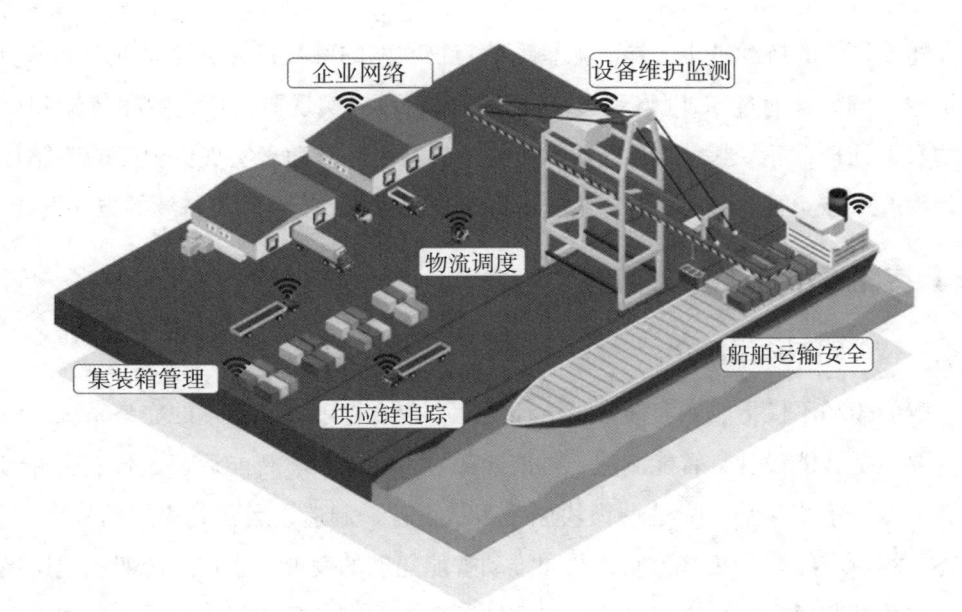

图 3-4 港口物联网系统运作模式

利用物联网的传感器和识别器，可以获取航道的水文信息、气象信息等数据，再通过导航卫星系统进行数据处理和分析，实现精准的航行和避免碰撞。

（2）实时监控与数据分析

通过物联网技术，可以将船舶的各种数据（如位置、速度、货物状态等）实时传输到岸站或云端平台，实现实时的监控和数据分析。通过物联网与导航卫星系统的结合，船舶的运行效率得以提高，运营成本得到降低，并且为船舶的安全提供了保障。北斗导航卫星系统的精密授时功能在海事事故调查中发挥了重要作用。由于两船间时间记录不一致的问题，船舶动作记录可能与实际情况存在较大偏差，导致责任判定失误。通过直接引用北斗导航卫星系统提供的精密授时，船舶用户可以确保时间信号的准确无误，从而减少由时间差别导致的调查误差。这种搭配使用方式能够更好地保证数据的准确性，为海事管理和调查提供更为可靠的依据。[19]

（3）智能化的船货管理与应急救援

导航卫星系统具备用户与用户、用户与地面控制中心之间的双向简短汉字数字通信能力。这一数字通信服务在其工作区域内不受时间与次数的限制，使得船公司能够通过该系统直接向船舶下达航次指令。在船舶遇险情况下，该系统能够直接向周围用户发送短信求助，便于紧急救援行动的及时开展。物联网技术的应用为货物的生产、运输、销售等全过程提供了实时追踪和监控的可能性。

随着科技的持续进步，导航卫星系统与物联网的融合将为航运业带来更多的创新机遇。例如，通过5G网络和边缘计算技术，可以实现更快速的数据传输和更高效的数据处理；而人工智能和机器学习技术的应用则有助于实现更智能的船舶管理和货物追踪等。展望未来，数字化航运将朝着更高效、安全和可持续的方向发展。

3.4 智能船舶的设计与运营

3.4.1 智能船舶体系简介

智能船舶不仅指船舶实体本身，还是一个包含多项核心技术的完整系统。该系统主要包括智能设计、智能制造、智能船舶、智能操作、智能运营、智能服务与云计算平台这七大模块。[20]这些模块涵盖了从设计、制造、运营到售后的各个环节，各环节相对应的企业相互关联，共同推动智能船舶的发展。而在传统船舶建造模式中，这些环节通常独立进行，流程之间缺乏数据共享。智能船舶建造服务体系通过网络和智能化技术的运用，实现了船舶全生命周期的高效管理和优化，为企业提供了新的价值和机会。如表3-5所示，传统船舶系统与智能船舶系统在多个方面存在显著差异。

表3-5 传统船舶与智能船舶系统比较

建造阶段	传统船舶系统	智能船舶系统
设计阶段	以规模化设计为主，无法很好地满足个性化要求	以定制化、个性化设计为主，考虑规模化与普适性，设计效率较高
制造阶段	以模块化制造为主，主要依赖于人工脑力劳动和体力劳动且以体力劳动为主	以互联网、传感器、射频识别（RFID）、人工智能等技术为主，实现人机一体化协同制造
营运阶段	以订单为主的被动营运模式，航线设计与节能环保措施以人工经验为主，运营成本偏高	以大数据分析与预测为主，管理成本有效降低，数据准确性、安全性和营运经济性得到提升
服务阶段	配备维修售后人员，信息化程度低，数据共享缺乏	船岸一体化服务，通过远程服务实现船舶智能故障维修与日常维护

3.4.2 智能船舶设计

智能船舶设计涵盖船体设计、系统集成、智能化设备安装等多方面，在设计过程中需充分考虑智能化设备的兼容性、可靠性、安全性和与船体的协调性。同时，还需考虑船舶运营过程中的维护和升级，确保智能化设备能够持续满足船舶运营的需求。通过引入先进的计算机技术、仿真模拟、智能控制和自动化设计工具，能够在船舶设计、建造及运营前期就实现高效、智能、安全和环保的目标。通过这些智能化手段，船舶设计不仅提高了设计精度和工作效率，还降低了成本和环境影响，推动船舶产业朝智能化、绿色化方向发展。

智能船舶设计主要包括船体结构设计、智能化动力系统与能源管理设计、船舶智能化系统集成设计等三个方面。

（1）船体结构设计

船体结构设计是智能化船舶设计中的关键部分，优化材料选择、减轻船舶重量、提高船体抗压强度和耐腐蚀性能是这一阶段的主要目标。通过先进的材料和智能化的设计方法，可以确保船舶在提高性能的同时，降低造价和维护成本。设计过程也涉及大量数字化平台的应用，如船舶数字孪生模型的创建。这些模型在设计阶段就能够进行虚拟仿真，进行环境适应性测试，模拟航行条件，评估船舶的表现。

（2）智能化动力系统与能源管理设计

随着环保要求的提高，智能化船舶设计还体现在动力系统与能源管理上。这包括混合动力系统、电力推进系统、燃料电池、风能或太阳能辅助系统等的集成设计。智能化设计能够在设计阶段模拟并优化能源消耗、排放控制等方面的表现。例如，基于不同燃料或动力来源的特性，通过智能控制系统来实现最佳能源效率和减少排放。

（3）船舶智能化系统集成设计

在船舶设计阶段，智能化船舶的各个子系统（如自动导航、智能避碰、船舶健康监测系统等）需要进行集成设计，确保它们能够协同工作，以提高航行安全、运营效率和能源管理。系统集成设计通过智能化的数据采集、实时监控和自主决策，使船舶能够在复杂环境中自主航行，减少人为干预，实现能源节约、污染减排并提升安全性。

智能船舶设计依然面临多方面的挑战。首先，技术集成与协同是关键，多个先进技术（如自动化控制、人工智能、大数据等）需要有效集成，并确保系统间的高度兼容和稳定性。其次，数据安全与隐私保护问题不可忽视，船舶系统依赖大量的敏感数据交换，如何保障信息的安全性和防止网络攻击成为重要课题。再次，自动化与决策系统的可靠性是船舶安全的基础，特别是在复杂环境下，智能系统能否做出准确判断并做出响应直接影响航行安全。最后，法律法规和标准的滞后也是制约智能船舶发展的因素，智能船舶的普及需要适应和推动相应的国际与地方性法律法规的制定和完善。

3.4.3 智能船舶运营

随着科技的持续进步，船舶行业正逐步迈向数字化时代。传统船舶运营模式已无法满足现代船舶的高效、安全和环保要求。因此，智能船舶运营模式应运而生，该模式融合了尖端的信息技术、人工智能及数字化的管理工具，显著增强了船舶运营的效能与精确度。同时，它为船舶的安全航行与环境保护提供了更为先进、智能化的解决方案。智能船舶运营无疑代表了未来船舶行业发展的一个重要趋势，引领着行业朝更高效、更安全、更绿色的方向迈进。

智能船舶的运营包括航行、维护、安全管理等方面。在运营过程中，需要通过智能化设备实现航行自动化、远程监控、故障诊断与预测等功能，提高船舶的安全性和效率。同时，还需要建立完善的智能化运营管理体系，确保智能化设备的可靠性和安全性，保证船舶的稳定运营。

智能船舶运营的核心要素包括数字化运营、智能化设备和大数据分析。

（1）**数字化运营**

智能船舶运营采用数字化运营管理系统，从船舶调度、航行控制到货物管理、人员管理等全部实现数字化运营。数字化运营提高了船舶运营的效率和精度，同时也降低了人为错误和延误概率。

（2）**智能化设备**

智能船舶配备了一系列智能化设备，如自动导航系统、自动舵、自动报警系统等。这些设备通过传感器和控制系统实现数据的采集和传输，再通过人工智能算法进行处理和决策，从而实现对船舶的智能控制和监测。智能化设备提高了船舶的安全性和效率，同时也降低了船员的工作强度。

（3）**大数据分析**

智能船舶运营通过收集和分析大量数据，包括航行数据、设备运行数据、人员管理数据等，从数据中挖掘出有价值的信息，用于优化运营策略、预测故障和维护保养等方面。大数据分析还可以为企业提供决策支持，如市场分析、运营优化等。

智能船舶运营的优势在于提高运营效率、降低运营成本、提高安全性、提高环保性能和提升服务质量等方面。通过数字化运营和智能化设备的运用，智能船舶能够在运营过程中实现航行优化、故障预测和维护保养等功能，从而提高运营效率、降低运营成本和提高安全性。同时，智能化设备的应用也提高了船舶的环保性能，减少了污染和排放。此外，智能船舶还能够提供更加优质的服务，如实时监控、预警预报等，从而提升客户满意度和服务质量。

本章课件

第 4 章
数字化与智慧港口

智能技术和数据驱动的解决方案在港口生产和运营过程中的应用日益广泛,不仅实现了运营效率、安全性和智能化水平的提升,同时推动了高效、环保的智慧港口建设。

4.1 智慧港口的定义与构成要素

4.1.1 智慧港口的定义

据统计，全球约 90%的国际贸易通过海运完成。[21]航运业作为全球贸易和经济发展的重要支柱，发挥着不可或缺的作用，而港口则是支撑这一支柱的关键组成部分。作为航运活动的交汇点，港口负责处理和转运来自世界各地的货物。现代港口形成于 20 世纪，截至目前，全球港口发展大致经历了五代。[22]如图 4-1 所示，在代际更替下，港口的商业模式不断发生变革，由以港口位置取胜的海运门户节点向以生态经济取胜的综合性港航贸易服务商的角色定位转变。港口未来的发展方向更加着眼于为客户提供差异化的价值主张，以客户和贸易为中心，结合现代信息技术打造智慧港口、绿色港口。

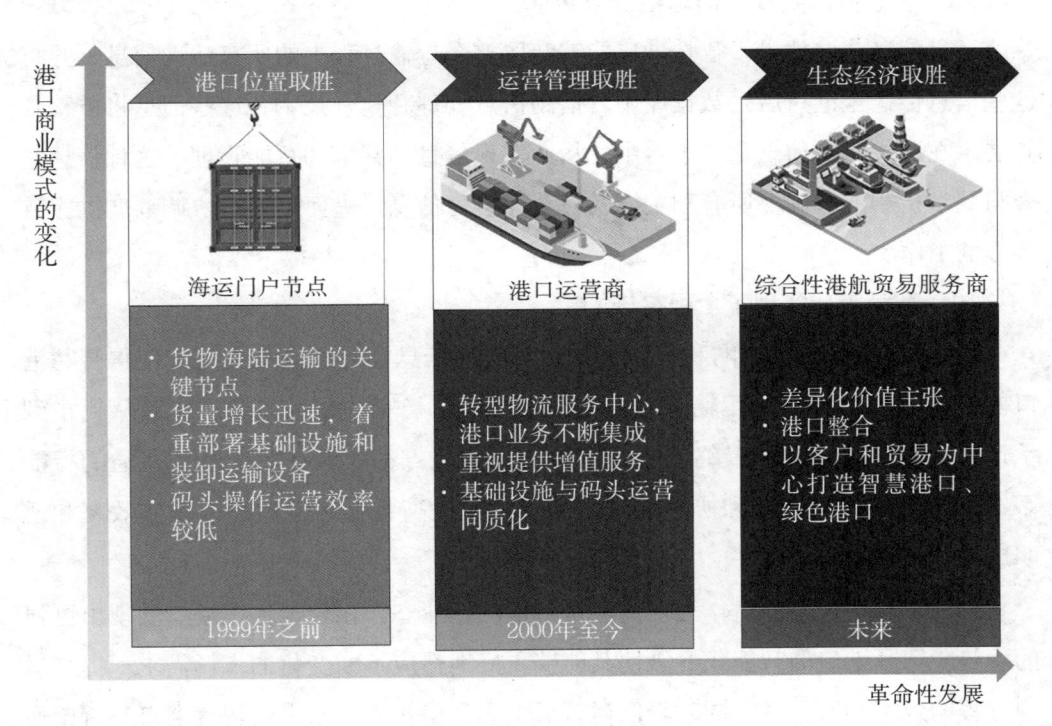

图 4-1 港口角色的转变

具体来说，智慧港口是在现代港口设施的基础上，通过运用 5G 通信、物联网、人工智能和大数据等技术手段，对现有港口设施进行智能化升级。这打破了传统港口的物理隔离，实现了港口供应链中所有资源和活动参与方的无缝连接与协调。智慧港口旨在实现现代化港口形态的智能、高效、安全、便捷和绿色发展。[23]智慧港口的核心在于信息技术与港口运输业务的深度融合，这主要体现在以下几个方面。

(1) 智慧港口借助智能设备实现了全面感知

利用射频识别（RFID）技术、传感器、北斗导航卫星系统等各类信息获取设备，智慧港口能够对货物运输的全过程进行实时跟踪、定位、监控和管理。这些技术的运用不仅能够确保货物运输的安全性和经济性，还能够提供详细而准确的数据，以支持港口的智能决策。

(2) 智慧港口具备智能决策的能力

基于系统中现有的大数据，通过人工智能与机器学习技术，智慧港口能够对运输活动的未来发展趋势进行预估，从而为未来港口发展决策提供重要依据。这种智能决策的能力使得港口运营更加灵活、高效，有助于提高港口的整体竞争力。

(3) 智慧港口实现了信息整合与共享

通过信息获取技术，智慧港口能够获取整个运输过程中的所有活动信息，并将这些信息传送至港口后台数据库中。借助信息处理和整合技术，这些信息将被整合并展示在码头综合信息化云平台中，从而实现信息的共享和智能管理。这种信息整合与共享机制能够确保所有相关方及时获取所需信息，进而更好地协调港航供应链各方的工作。

(4) 智慧港口实现了全程参与

利用5G通信、物联网和大数据技术等实现信息实时通信和交流，使得智慧港口能够为管理者和码头运输各参与方提供可靠、稳定的服务。这意味着从货主到承运人、仓库管理方和最终的收货人等所有相关方都能够在一个互联互通的智能系统中进行信息的交互和协同工作，从而大大提高整个运输过程的操作效率和透明度。

总的来说，智慧港口作为现代港口运输的新业态，相较于传统港口展现出更强的优势。智慧港口的智能化升级使其能够更好地适应不断变化的市场需求，提高运输过程的效率和安全性，同时降低运营成本和环境污染。未来，智慧港口还有望通过更加先进的自动驾驶技术和智能化设备的应用，进一步实现更高程度的自动化和智能化。这将使港口不仅能够更好地满足日益增长的物流需求，还能够更好地适应环境和气候变化等挑战，成为更加可持续和环保的运输枢纽。

4.1.2 智慧港口的基本要素

传统港口主要包括码头、港区物流设施、船舶、堆场设施和集疏运车辆等基础设施部件，这些部件之间是通过机械方式相互关联的。而智慧港口则依赖于智慧港口感知系统，涵盖了码头装卸感知终端、港区物流设施感知终端、船舶感知终端、堆场设施感知终端和集疏运车辆感知终端等多个部分，构建了一个基于物联网和互联网技术的港口基础设施系统。[24]智慧港口是信息技术与港口业务的深度融合，它以现代化、标准化的基础设施配置为基石，通过新一代信息技术的应用，打破了传统港口的作业模式，实现了港口的智能化、自动化和高效化运营，并通过业务创新发展不断提升港口的核心竞争力。智慧港口的建设和发展是港口行业未来发展的重要趋势，其基本要素包括以下几个方面。

（1）智慧港口基础设施与装卸运输装备的现代化

智慧港口基础设施的现代化包括各种联运、转运设施设备，以及为各种运输方式提供辅助作业的设施设备的数字化与信息化，例如堆场、仓储、运输工具等能够进行实时的数据采集、处理和交换，以满足现代化港口的高效运作需求；同时包括港口内部用于装卸、搬运、堆垛的设备，例如岸桥、场桥、正面吊、叉车等的自动化和智能化，能够进行自主的作业控制和决策，以提高港口作业的效率和准确性。

（2）智慧港口生产运营系统的智能自动化

智慧港口生产运营的智能自动化是指借助物联网、大数据和人工智能等前沿技术，为港口运营构建一套智能化的系统。通过这一系统，港口运营的各个方面可以实现可视化、智能化、自动化和数字化，从而显著提升运营效率。这主要体现在港口的日常运营中，例如自动化的集装箱堆垛和装卸、自动化的船舶调度和岸桥操作等。通过这些智能自动化的方式，港口的运营效率得到了大大提高，同时也能减少人为错误，提高运营的安全性。

（3）智慧港口运营组织的协同一体化

智慧港口运营组织的协同一体化是指将多个相邻港口的运营、管理、设施等进行整合，形成一个更加高效、协调和有组织的整体。这种整合可以涵盖多个港口，甚至跨越不同的国家或地区。港口协同一体化旨在优化港口资源的利用、提高运输效率、降低成本、推动贸易和经济发展。协同一体化的港口可以更好地与上下游企业进行协同合作，形成更加完整的供应链生态圈系统，提高整个供应链的效率和竞争力。

（4）智慧港口运输服务的敏捷柔性化

智慧港口运输服务的敏捷柔性化是指港口在面对外部环境和市场需求发生变化时，能够做出快速响应和灵活改变，以适应不断变化的市场需求和供应链环境。具体而言，港口运输服务的敏捷柔性化包括以下几个方面：首先是战略柔性，港口具备战略柔性是指其能够根据外部环境的变化，制订和调整战略目标，以适应不断变化的市场需求和供应链发展趋势；其次是结构柔性，港口具备结构柔性是指其能够根据市场需求和供应链环境的变化，灵活调整自身的组织结构和运营模式，以适应不同的运输需求和市场变化；最后是运营柔性，港口具备运营柔性是指其能够根据运输需求和市场变化，灵活调整自身的运营策略和运营模式，以适应不断变化的市场需求和供应链环境。港口运输服务的敏捷柔性化能够提高港口的竞争力和市场适应性，同时也可以促进港口的可持续发展和创新发展。因此，智慧港口能迅速根据市场需求调整运输计划和策略，满足客户的个性化需求。

（5）智慧港口管理决策的客观智慧化

智慧港口借助新一代信息技术，如大数据、人工智能和云计算等，实现港口管理决策的智能化、客观化和科学化。这一过程主要体现在以下几个方面：首先，通过客观智慧化，港口管理决策的科学性和准确性得以提高，决策成本降低，同时港口的运营效率和服务水平也得到提升。其次，港口能够更好地适应市场的变化和需求，增强竞争力和实现可持续发展。例如，通过数据驱动的决策制订、实时监控与预警系统、资源优化配置、协同决策机制、预测与规划等方法，港口可以更快地响应市场需求，提高运营效率和服务质量，从而推动可持续发展目标的实现。

这些基本要素共同构成了智慧港口的核心特征，体现了智慧港口的现代化、智能化、高效化、协同化的特性。

4.2 数字化在港口运营中的应用

4.2.1 数字化运营

数字化运营是企业运用数字化技术来提升运营效率和市场竞争力的新型运营模式。在数字化时代背景下，企业的运营环境面临着诸多变革，包括消费者需求的多样化、市场竞争的激烈化和信息化程度的提高等。这些因素都对企业的运营提出了更高的要求。企业运营的数字化转型有助于提高企业的运营效率和市场竞争力，从而更好地应对数字化时代的挑战和机遇。

数字化运营的核心要素包括数字化用户运营、产品运营、渠道运营、营销推广、订单交付和数字化运营支撑体系等。[25]这些要素之间相互关联、相互影响，共同构建了数字化运营的生态系统。在这个过程中，数字化技术是实现这些协同和智能化的基础，通过数据的收集、分析与应用，企业可以更好地把握市场需求和用户行为，优化自身的运营策略与产品服务。通过深入了解用户需求和行为，企业可以更好地调整自身的运营策略与产品服务，进而提升用户体验和价值。

数字化运营的战略层面包括企业数字化战略决策能力和数字化战略举措应对能力等。在执行层面，数字化运营需要构建以用户为中心的运营理念、数字化运营管理能力、渠道运营能力、持续优化能力和内外生态构建能力等关键要素。这些能力是确保数字化运营落地执行并取得实际效果的关键所在。通过不断提升这些能力，企业可以更好地适应数字化时代的变革，实现可持续发展。

4.2.2 数字化在港口运营中的功能

数字化港口运营的实施过程包括操作信息化、运营信息化、管控信息化和决策信息化，以满足不同用户的需求。其目标用户包括基层员工、管理者和领导决策者等不同层次的人员。

在船舶大型化趋势下，数字化可以有效地解决港口生产压力变大、资本投入预算增加、岸线码头资源紧张、航线集中度高等问题。此外，该体系还可以满足多式联运发展、港口群发展和智慧化港口建设的需求，提高港口运营效率和服务质量。同时，数字化运营管控体系也可以促进"一带一路"倡议的实施，推动区域重点港口在合资合作、贸易便利化、投资建设和国际标准化等方面的发展，实现更加便捷的互联互通。

在多式联运方面，数字化运营管控体系可以继续采取扩大集装箱铁水联运，建设疏港铁路，培育多式联运经营人，创新与铁路等多部门的合资合作机制，实现信息共享，以及推进标准化等措施。这些措施可以促进不同运输方式之间的衔接和配合，提高运输效率和服务质量。

在港口群发展方面，数字化运营管控体系可以帮助港口企业整合和优化结构，推动经营集约化水平的提高，减少同质化竞争，进一步拓展服务功能。这有助于形成合理的港口群发展格局，实现资源优化配置和协同发展。

在智慧化港口建设方面，数字化运营管控体系可以促进自动化集装箱码头的建设和运营。例如，青岛港和上海洋山四期自动化集装箱码头已作为成熟的示范工程投入运营，并成为先进经验的典型。这些码头的建设和运营可以有力地推动各地智能化信息化码头建设提速增质。

4.3 无人驾驶车辆与自动化港口装卸

4.3.1 无人驾驶车辆的定义和种类

根据美国物料搬运行业协会的定义，自动导引车（automated guided vehicle，AGV）是一种由充电电池驱动、自动导引的无人驾驶车辆。在计算机算法指挥下，AGV能够按照预设的路径规划和作业要求精确行驶，并准确停靠到指定的取送货地点，完成一系列作业任务，如取货、送货、充电等。按照划分依据的不同，AGV可以分为表4-1中的几种类型。

表4-1 AGV的划分依据及类型

划分依据	类型
自主程度	智能型
	半智能型
	普通型
用途和运载形式	承载型
	牵引型
	货叉提升型
导引方式	激光导引型
	电磁感应导引型
	磁感应导引型
	光带感应导引型

港口AGV是一种无人驾驶的运输设备，用于在港口环境中自动完成货物的搬运和运输。图4-2所示的是港口AGV的主要构件。

驱动行驶机构分为轮式驱动、轨道式驱动和履带式驱动。轮式驱动，顾名思义，采用车轮和电机驱动，适合在平坦的地面上行驶，具有较好的牵引性能和通过性。轨道式驱动采用轨道和电机驱动，适合在特定的轨道上行驶，具有较高的导向精度和稳定性。履带式驱动采用履带和电机驱动，适合在复杂的地形和恶劣的环境下行驶，具有较强的越障能力和牵引性能。

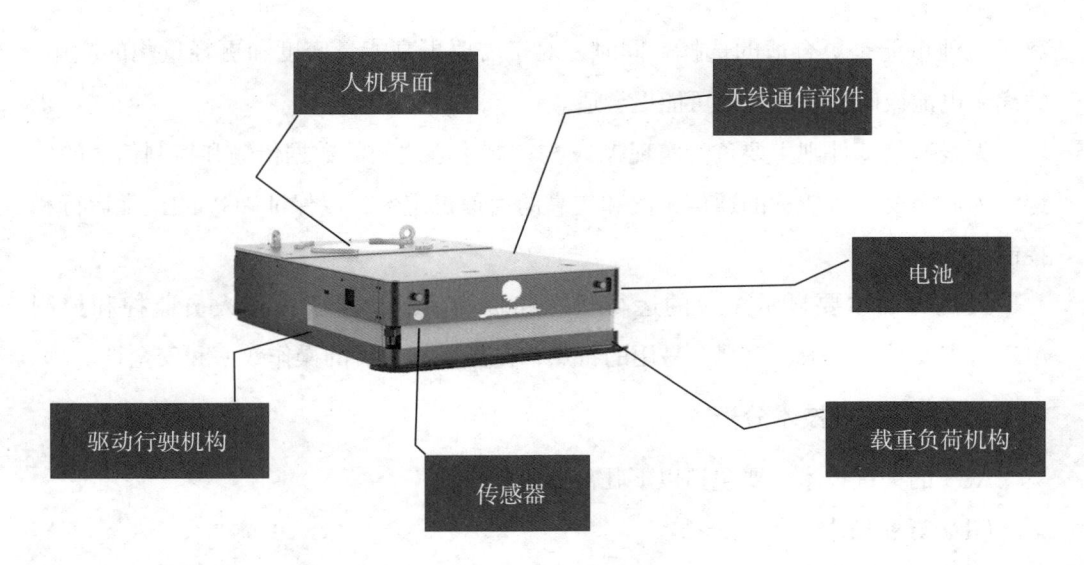

图 4-2　AGV主要构件

传感器主要有激光雷达、红外传感器、超声波传感器等。激光雷达用于检测周围环境，识别障碍物和路径，进行精确定位和导航。红外传感器用于检测货物的存在和位置，实现货物的精确放置和搬运。超声波传感器用于检测货物的距离和位置，实现货物的精确装卸和避障。

载重负荷机构包含承载轮、转向机构和悬挂机构。承载轮用于承载货物，将货物从一种运输工具转移到另一种运输工具上。转向机构用于控制AGV的转向，使其按照预定的路径行驶。悬挂机构用于调整AGV的高度，使其适应不同的地形和运输工具。

AGV使用的电池类型主要包括铅酸电池、锂离子电池、镍氢电池和磷酸铁锂电池。铅酸电池是一种较为传统的电池类型，具有相对低的成本和良好的可靠性。然而，铅酸电池质量较重且体积较大，充电时间较长，维护较为烦琐。锂离子电池以其较高的能量密度、较小的尺寸和重量成为AGV领域的主流选择。它具有较长的充电寿命、较低的自放电率和较高的充电效率，同时没有记忆效应。镍氢电池与铅酸电池相比，具有更高的能量密度和较轻的质量，充电时间更短，环境友好。然而，它的价格相对较高，并存在一定的自放电问题。磷酸铁锂电池在AGV中越来越受到关注。它具有较高的安全性、较长的循环寿命和较宽的工作温度范围。与其他锂离子电池相比，磷酸铁锂电池的发热量较低，充电速度较快。AGV的具体使用情况也会影响其对电池的选择，例如在需要大容量、高功率输出的应用中，铅酸电池或锂离子电池可能是更合适的选择。同时，对于需要更高能量密度和更轻量化的应用，锂离子电池或磷酸铁锂电池可能更合适。

无线通信部件则主要负责实现AGV与控制中心之间的数据传输和控制信号的传递，因此需要具备较远的通信距离和较高的通信稳定性，以保证AGV的正常运行和控制精度。

人机界面主要显示AGV的运行状态和货物信息，便于操作人员监控和控制AGV，需要具备清晰、直观、易用的特点，提高操作人员的操作效率和安全性。

4.3.2 AGV关键技术分析

AGV的关键技术主要包括以下几部分。

（1）导航技术

AGV的导航技术是实现自主移动的关键。通过使用各种传感器和定位系统，如激光雷达、超声波传感器、导航卫星定位系统等，来获取周围环境的信息，并根据这些信息来规划路径和避开障碍物。

（2）路径规划技术

AGV的路径规划技术是其自主移动的核心。利用计算机视觉、深度学习等技术，根据当前环境和目标位置，计算出一条最优路径，使AGV能够以最高效率和最短时间到达目标位置。现阶段国内外已经有大量的人工智能算法被应用于AGV行驶路径规划中，如仿照图4-3所示的蚂蚁觅食机制编写的蚁群算法、从生物学中的遗传学和进化论中得到灵感的遗传算法，以及图论算法、神经网络算法和AI算法等。

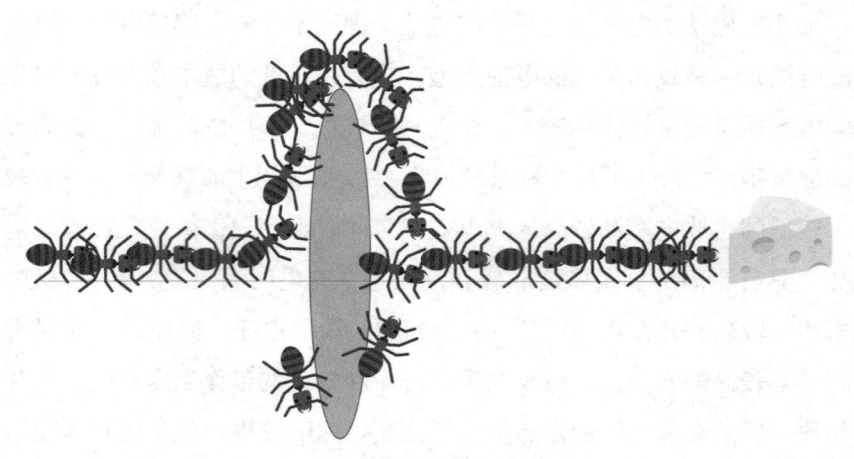

图4-3 蚂蚁觅食机制

（3）驱动系统

AGV的驱动系统是其运动的基础。AGV依靠电机、轮子等部件，将电能转化为机械能，使AGV能够实现前进、后退、转向等动作。驱动系统还需要考虑到AGV的负载能力、速度、加速度等因素，以确保AGV在运行过程中的稳定性和安全性。

（4）感知与决策技术

AGV的感知与决策技术是其自主移动的关键。AGV使用传感器等设备，获取周围环境的信息，并根据这些信息做出决策，如避开障碍物、选择最优路径等。感知与决策技术还需要考虑到AGV的运行效率和安全性，以确保AGV在运行过程中的稳定性和可靠性。

（5）通信技术

AGV的通信技术是其与外界交互的基础。通过无线通信等技术，与控制中心或其他AGV进行信息交换，实现协同作业和信息共享。通信技术还需要考虑到数据传输的稳定性和安全性，以确保AGV在运行过程中的可靠性。

4.3.3 AGV在自动化港口装卸中的优势

在港口装卸领域，AGV属于一种具备较强装载功能和安全保护功能的自动化运输系统。AGV在自动化港口装卸中的优势包括以下几个方面。

（1）高度自动化

AGV借助中央控制系统进行数据分析与远程控制，该系统能够与订单管理系统（order management system，OMS）和仓库管理系统（warehouse management system，WMS）实现无缝衔接。一旦获取订单信息，所有设备的调度与业务流程的推进均由系统自动主导，无须人工参与。

（2）充电自动化

当AGV电量快要耗尽时，AGV将自动向系统发出请求充电的指令。在得到系统的允许后，AGV会自动前往充电处进行排队充电。值得一提的是，AGV的电池寿命通常超过2年，且仅需充电15分钟便能支持其工作4小时左右。

（3）长距离运输

人工搬运通常只适用于短距离的搬运场景，在长距离搬运的场景下一般需要借助运输工具来完成，时效较低；而AGV机器人则能够实现任意站点间的运输，显著提高了搬运作业的效率。

（4）有效控制成本

AGV取代传统取送货物方式后，解放出大量劳动力，有效降低了生产成本，快速收回投资成本，同时也可解决枯燥的搬运工作所带来的人员流失问题。此外，在配送中心，AGV可有效降低错单率、产品损耗率和订单消耗率等开销，从而实现配送中心运营成本的大幅度降低。

（5）场地要求较低

相对于传统的搬运设备而言，AGV搬运货物需要的巷道宽度要窄得多，对场地要求较低。AGV系统可以随意更改路径，在作业中具有较高的灵活性。AGV小车能够和货架、平台、生产线、传输线、不同操作点全面融合，联系多样需求，通过多样组合实现不同功能，缩减材料周转消耗，促进物料加工生产与成品销售等环节的顺畅衔接，优化系统生产效率。[26]

（6）提高安全性

一方面，在人工搬运货物的情况下，不规范操作或疏忽而造成产品损坏的概率相对较高，但是由AGV来进行搬运作业就可有效避免这一失误；另一方面，AGV的导引移动路径在算法控制下非常明确，AGV在行驶路径上遇到障碍物会自动停车。此外，AGV还可在有安全隐患的环境下工作，从"人"与"货"两大方面大幅度提高了安全性。

（7）改善物流管理

AGV在实现自动化生产的同时还兼具智能性，能自动识别货物的分类并规范摆放货物，实现物流管理的有序运作。另外，AGV还可合理利用现有占地面积，提升空间的整洁度，实现无人化作业。

综上所述，AGV在自动化港口装卸中具有许多优势，可以有效提高作业效率、降低成本、提高安全性、改善物流管理等。

4.4 基于大数据的智慧港口管理系统

4.4.1 大数据的来源与特征

大数据由海量、复杂、多样的数据集合构成，涵盖了结构化数据（如表格、数据库等）和非结构化数据（如文本、图像、音频、视频等）。这些数据来源于如表4-2所示的多种渠道，包括传感器、社交媒体、企业数据、政府数据等。在港口领域，大数据的来源包括行政主管部门及海事局等公共服务部门、港航物联网系统、港口业务系统、货运代理企业、第三方和互联网等。港口大数据的数据类型也十分丰富，包括数值、文本、图片、视频、AIS数据、卫星定位数据和地理信息系统（GIS）数据等。这些数据可以通过电子数据交换（EDI）系统、无线射频识别设备和AIS等工具进行采集。[27]

表4-2 港口大数据的来源

数据来源	数据内容	数据类型	获取方式	更新频率
行政主管及公共服务部门	行业监管数据、港口统计数据、港口监测数据、气象水文数据等	数值、文本、图片、AIS数据、GIS数据	官方网站、共享接口、定向发布（年报等）	实时更新
物联网	码头、堆场仓库、拖车等装卸运输设备的现场作业数据等	数值、文本、图片、AIS数据、卫星定位数据、GIS数据	感知设备、检测设备	实时更新
业务部门	业务数据、商务数据、财务数据等	数值、文本、图片	系统生成、分析和统计	实时更新
第三方	贸易数据、腹地运输数据、金融数据、货物数据等	数值、文本、图片、AIS数据、卫星定位数据	共享接口	实时更新
互联网	行业数据及宏观经济数据等	数值、文本、图片	网络爬虫	不定期更新

对于大数据的特点，比较有代表性的是"3V"：规模性（volume）、多样性（variety）和高速性（velocity）。[28]

据此，大数据的特点可以进一步概括为四个方面。

一是数据量巨大。随着信息技术的不断发展，企业和机构在运营过程中产生了大量的数据，这些数据的数量往往达到数十亿甚至数百亿条。

二是数据种类繁多。大数据包括各种类型的数据，如结构化数据、半结构化数据和非结构化数据等，这些不同类型的数据在形式、内容和格式上各不相同，给数据处理和管理带来了很大的挑战。

三是数据产生速度快。大数据的产生速度非常快，通常以每秒数千条甚至数万条的速度增长，对于数据的处理和管理需要高效、快速的方法与工具。

四是数据价值密度低。虽然大数据的数量巨大，但真正有价值的信息可能只有其中的一小部分，如何有效提取和利用这些有价值的信息是一个重要的挑战。

4.4.2 大数据技术的预测原理

预测原理是大数据技术的核心原理之一。预测原理是利用数学算法对海量数据进行处理，以预测事情发生的可能性，这得益于技术的不断进步和数据量的爆炸式增长。在大数据规律面前，每个个体的行为都与其他个体相似，没有本质变化。因此，通过大数据预测可以去除主观性，让数据说话。大数据预测是一种强大的工具，它通过对大量数据的分析和挖掘，寻找数据中的模式和规律，从而对未来进行预测。这种预测原理的实现过程可以概括为如图 4-4 所示的几大步骤。

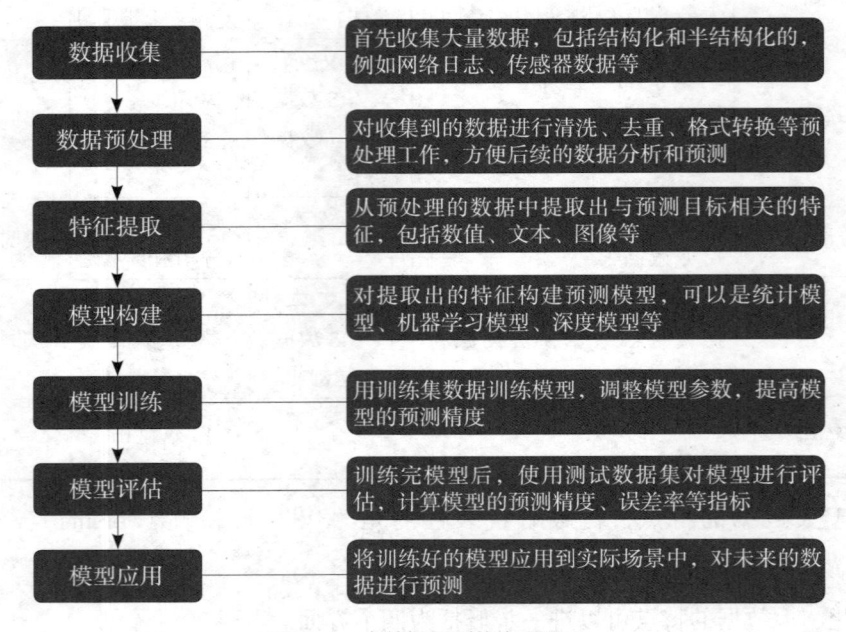

数据收集	首先收集大量数据，包括结构化和半结构化的，例如网络日志、传感器数据等
数据预处理	对收集到的数据进行清洗、去重、格式转换等预处理工作，方便后续的数据分析和预测
特征提取	从预处理的数据中提取出与预测目标相关的特征，包括数值、文本、图像等
模型构建	对提取出的特征构建预测模型，可以是统计模型、机器学习模型、深度模型等
模型训练	用训练集数据训练模型，调整模型参数，提高模型的预测精度
模型评估	训练完模型后，使用测试数据集对模型进行评估，计算模型的预测精度、误差率等指标
模型应用	将训练好的模型应用到实际场景中，对未来的数据进行预测

图 4-4　大数据预测的实现原理

在大数据预测中，通常采用基于概率的统计模型或机器学习模型来进行预测。这些模型可以处理大量的数据，并从中提取出有用的信息。同时，这些模型也可以根据新的数据不断进行学习和优化，以提高预测的准确性和效率。通常，大数据的预测可分为如图 4-5 所示的黑箱模型和白箱模型，以及由这两者演化而来的灰箱模型。

黑箱模型是一种常见的预测方法。它主要是通过大量输入、输出数据，找到合理推算的系统模型。在这种情况下，模型的建立并不需要了解系统内部的具体逻辑和结构，而是通过数据输入和输出的关系来预测输出结果。这种方法在处理复杂系统时可能会受到限制，但由于其具有简单性和易用性，在很多场合下仍然被广泛

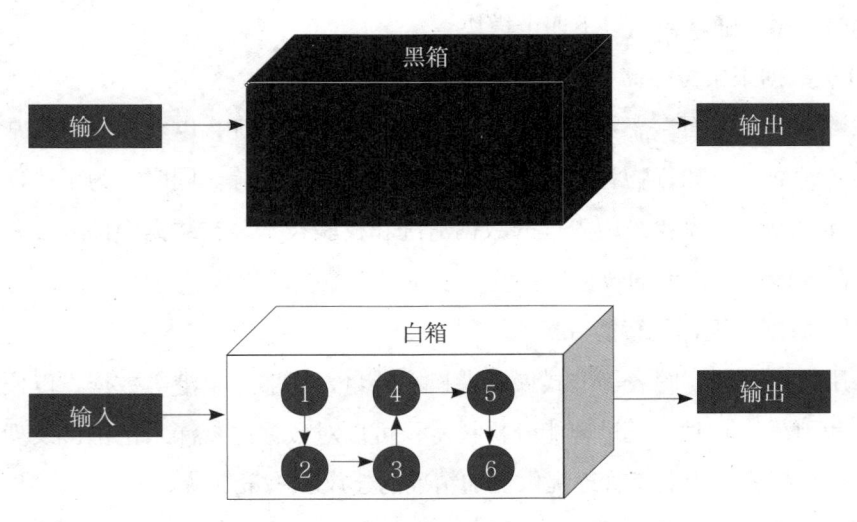

图 4-5 黑箱模型与白箱模型示意

使用。而对于某些具有较强规律性和可预测性的系统，则可以使用白箱模型进行预测。这种方法要求对系统的内部逻辑结构有全面的了解，然后通过数学模型来应用求解。白箱模型预测精度通常较高，但需要大量的专业知识与经验来构建和理解模型。灰箱模型是介于黑箱和白箱之间的模型，适用于那些部分可观测的系统。这种方法需要对系统的某些部分有深入的了解，但不必像白箱模型那样对所有逻辑路径进行深入测试。灰箱模型既可以关注输出对于输入的正确性，也可以关注内部的运行状态，但这种关注不如白箱那样详细、完整。

总之，大数据中的预测原理是通过挖掘数据中的模式和规律，利用机器学习和人工智能等技术建立预测模型，从而对未来进行预测的一种方法。这种方法已经广泛应用于各个领域，如金融、医疗、交通等，帮助企业和决策者做出更加科学和准确的决策。智慧港口利用物联网技术收集港口各个重要节点和监测设备的数据，利用云计算与大数据分析技术对这些数据进行处理和分析。通过机器学习和预测算法，智慧港口可以模拟和预测港口运营情况，为管理者提供决策支持。例如，根据数字孪生的虚拟环境，管理者可以优化港口布局、调整作业流程、提高设备利用率等，从而实现港口运营的高效化和智能化。

4.4.3 港口大数据管理系统建设

港口大数据管理系统对于提高港口运营效率和服务质量、优化资源配置、降低成本、增强风险管理能力、辅助战略规划和推动行业创新都具有重要的意义。港口大数据管理系统通常包括以下四个模块。

（1）数据采集与存储

在数据采集方面，需要建立一个完善的数据采集系统，以获取港口日常生产过程中的各种数据，如货物吞吐量、船舶进出港、装卸货等。同时，为了确保数据的准确性和可靠性，需要采用先进的数据清洗和校验技术。在数据存储方面，需要建立一个高性能、可扩展的数据库系统，以应对大数据的挑战。

（2）数据可视化与智能分析

采用数据报表、图表等方式展示港口吞吐量、船舶进出港等数据，以便进行趋势分析和预测。同时，通过智能分析技术，可以对数据进行深入挖掘，发现数据背后的规律和趋势，为港口管理提供更加精准的建议和决策支持。

（3）动态监管与优化

通过实时监控港口生产流程，可以及时发现生产过程中的问题和瓶颈，优化生产流程和管理效率。例如，通过监控港口的装卸货过程，可以发现哪些环节存在浪费和低效现象，及时进行调整和改进。同时，通过与物联网技术的结合，可以实现对港口设备、车辆等资源的实时监控和调度，提高港口的运营效率和响应速度。

（4）智能决策预警

通过大数据分析和人工智能技术，可以实现智能决策预警功能。例如，通过对历史数据进行分析，可以对港口的吞吐量、船舶流量等数据进行预测，提前做好规划和准备。同时，通过对异常数据的智能分析，可以及时发现异常情况并进行预警，提高港口的安全性和稳定性。

在建设港口大数据分析系统的同时，还需要特别重视隐私保护和合规性问题。对于涉及个人隐私和企业商业机密的数据，需要采取加密和其他安全措施，确保数据的安全性和保密性。同时，需要遵守相关法律法规，确保系统的合法性和合规性。随着技术的不断进步，港口大数据分析系统的建设也需要不断进行技术研发和创新。例如，可以采用最新的数据挖掘和分析技术，提高数据的处理速度和准确性；同时也可以借鉴其他行业的成功经验和技术成果，不断优化和完善系统的功能与性能。最后，需要重视人员培训和素质提升工作。大数据分析系统的建设和应用需要有一支高素质、专业化的人才队伍来支撑。因此，需要对相关人员进行定期培训和技能提升，提高他们的专业素养和技术水平，为系统的顺利建设和应用提供人才保障。

本章课件

第 5 章
港口腹地物流数字化转型

数字化技术在腹地物流环节的应用揭示了其在优化资源配置、降低运营成本、提升服务质量等方面的重要作用，有效助力港口腹地物流效率、可靠性和韧性的提升。

5.1 港口腹地物流的数字化趋势

5.1.1 港口腹地物流的内涵

港口腹地指的是与港口存在紧密联系的地区,这些地区通过港口进行货物运输和旅客中转。它们可能涵盖内陆地区,也可能覆盖由海上航线连接的区域。港口腹地的大小和范围受到港口的地理位置、交通状况,以及自然、社会、经济条件等多种因素的影响。

根据海港面向内陆和海外的特性,港口腹地被划分为陆上经济腹地和海上经济腹地。陆上经济腹地是指内陆地区能够通过各种运输工具直达港口的区域,而海上经济腹地则是指由海上航线直挂、直达港口的海上经济区域。此外,根据运输到达性质,港口腹地还可以分为直接腹地和间接腹地。直接腹地指的是能够通过各种运输工具直达的地区,而间接腹地则是经港口中转的货物和旅客所到达的区域。[29]

在图 5-1 中,可以看到港口与其腹地之间存在着相互依存、相互作用的关系。港口作为连接内陆腹地和海上腹地的关键节点,发挥着促进贸易和经济发展的重要作用。同时,港口腹地的发展也会对港口的繁荣产生影响。因此,实现港口与腹地的协同发展对于推动贸易和经济发展具有重大意义。

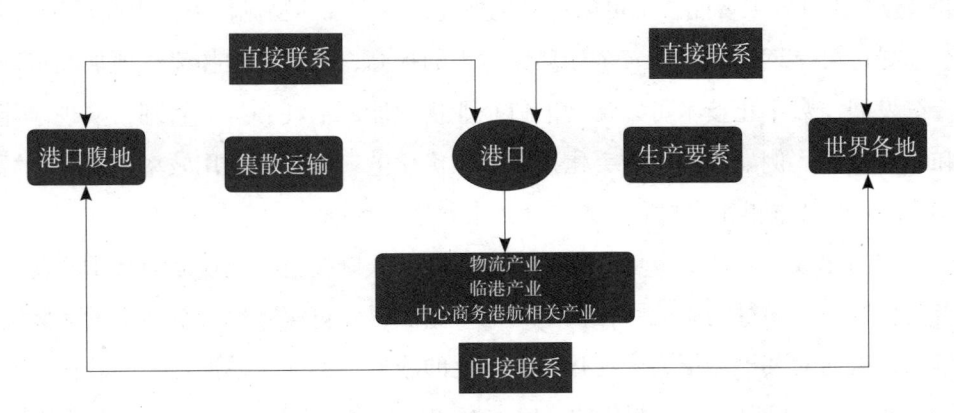

图 5-1 港口与港口腹地之间的联系

港口腹地物流数字化转型是指利用数字技术,如物联网、大数据、人工智能等,对港口及其腹地的物流活动进行优化和升级,提高运营效率和服务水平,促进贸易和经济发展。随着全球贸易的快速发展,港口作为全球物流网络的重要节点,面临着巨大的挑战和机遇。数字化转型可以帮助港口提高运营效率、提升物流服务水平,适应市场的变化和需求,从而在激烈的市场竞争中获得更大的优势。同时,数字化转型还可以促进港口的绿色可持续发展，减少物流活动的负外部性。

5.1.2 港口腹地物流数字化转型的趋势和挑战

随着全球贸易的快速发展和数字技术的不断创新，港口腹地物流数字化转型已经成为行业发展的必然趋势。数字化技术的引入和应用，不仅可以提高港口的运营效率和服务水平，还可以促进贸易和经济发展，为全球物流行业带来新的机遇和挑战。在这一背景下，探讨港口腹地物流数字化转型的趋势和挑战，对于推动行业的发展和创新具有重要意义。

（1）港口腹地物流数字化转型的趋势

近年来，港口腹地物流数字化转型呈现出以下趋势。

①数据驱动决策。随着大数据技术的发展，港口腹地物流将更加依赖于数据驱动的决策。通过收集和分析各种数据，包括货物吞吐量、运输时效、客户满意度等，港口企业可以更好地了解市场需求和运营状况，从而做出更加科学、精准的决策。

②智能化运作。随着物联网、人工智能等技术的发展，港口腹地物流将更加智能化。例如，通过物联网技术可以实时监测货物的状态和位置，实现货物的精准追踪和调度；通过人工智能技术可以自动化处理一些常规的物流任务，提高运作效率。

③绿色可持续发展。随着全球环保意识的提高，港口腹地物流将更加注重绿色可持续发展。数字化技术可以帮助港口企业优化能源消耗和排放管理，实现节能减排和绿色发展。例如，通过数字化技术可以优化港口的能源使用效率，减少能源浪费；同时也可以监测和控制港口的空气污染和噪声污染等。

④定制化服务。随着市场竞争的日益激烈，港口腹地物流正逐渐将重心转向提供定制化服务。通过利用数字化技术，港口企业得以更深入地了解客户的实际需求和偏好，进而为其提供更为个性化和差异化的服务。例如，根据客户的具体需求和偏好，港口企业可以提供定制化的运输方案和仓储服务，以满足客户的独特需求。

（2）港口腹地物流数字化转型的挑战

与此同时，港口腹地物流数字化转型也面临着众多挑战。

①技术难度高。数字化技术的引入和应用需要专业的技术支持与人才支持。然而，目前很多中小型港口在技术上还存在一定的差距，缺乏足够的技术人才和完善的技术体系。因此，如何提高技术水平、降低技术难度是数字化转型面临的重要挑

战之一。

②数据安全风险。数字化技术的应用涉及大量的数据采集、传输、存储和处理，因此数据安全风险也随之增加。如何保障数据的安全性和隐私性以及建立完善的数据管理和保护机制也是重要的问题。

③业务流程调整。数字化转型不仅仅是技术层面的变革，更涉及业务流程的调整与优化。将传统的业务流程进行数字化、智能化转变，以及对其进行优化和重构，是数字化转型过程中的一大挑战。为应对这一挑战，港口企业需要进行深入的业务流程分析和设计，确保业务流程能够顺利完成数字化转型。

④竞争压力加大。数字化转型可以帮助港口企业提高竞争力和服务水平，同时也使港口企业面临着竞争压力加大的挑战。如何应对市场竞争、保持竞争优势是数字化转型面临的重要问题之一。这需要港口企业加大技术创新和市场开拓力度，不断提高自身的竞争力和服务水平。

港口腹地物流数字化转型可谓趋势和挑战并存。数字化技术可以帮助港口企业提高效率和服务水平，同时也迫使港口企业应对技术难度高、数据安全风险增加、业务流程调整和竞争压力加大等挑战。因此，港口企业需要全面考虑数字化转型的利弊得失，制订科学合理的数字化转型策略，以实现自身的可持续发展和创新升级。

5.2 数字化多式联运

5.2.1 集装箱多式联运的定义

集装箱多式联运是指将不同的运输方式有机地结合在一起，形成一个连续、一体化的集装箱运输系统。这种运输方式集合了各种运输方式的优势，实现了高效、安全、便捷的货物运输。集装箱多式联运通常涉及海陆运两种及以上的运输方式相互衔接完成。这种复合运输方式能够显著提高运输效率，减少运输时间和成本，同时也有助于提高货物的安全性和附加值，为物流行业带来了巨大的便利和效益。在集装箱多式联运中，集装箱作为核心的运输单元，展现出高效利用和快速周转的独特优势。这种优势既确保了集装箱多式联运的高效运作，同时也提高了整体运输的效率和效益。集装箱可以方便地在不同的运输方式之间进行转换和转运，如铁路、公路、水路等，从而实现多种运输方式之间的无缝衔接。由于集装箱具有很好的安全性和高效性，因此被广泛应用于高价值货物的运输。同时，集装箱多式联运还能够有效地节约运输时间，减少物流成本，提高货主的效益。[30]

如图 5-2 所示，集装箱多式联运的运输流程通常起始于货主向多式联运经营人或代理提交托运申请。经过多式联运经营人或代理的受理，将制订出一份具体的多式联运运输方案，该方案涵盖了运输方式、路径选择以及分配计划等内容。随后，集卡公路运输、商船海上运输以及铁路运输等不同的承运方式将按照这一方案进行具体的运输过程。最终，货物将被安全交付至收货人手中。

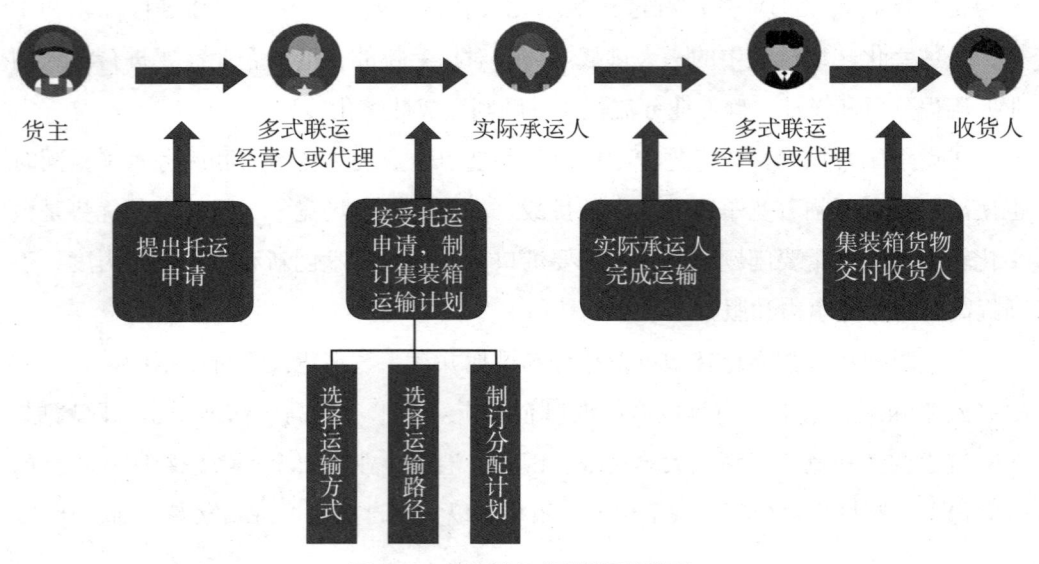

图 5-2 集装箱多式联运运输流程

5.2.2 数字化联运的内涵

北京交通大学钟章队教授指出，多式联运是一项跨方式、跨部门、跨区域、跨产业的复杂系统工程，难在"多"、成在"联"，需要各种运输方式和供应链、产业链上下游的深度协同。[31]

铁路、公路与水路数字化联运指的是通过数字化技术实现不同运输方式之间的信息共享和业务协同，以提高运输效率与服务质量。这种数字化联运的趋势已经逐渐成为物流行业的发展方向。数字化联运的实现需要各种运输方式的数字化转型和升级。例如，铁路运输可以借助物联网技术实现车辆和货物的实时追踪与管理，公路运输可以通过智能化交通系统提高运输效率，水路运输可以通过数字航道系统实现船舶的精准导航和调度。

在铁路、公路与水路数字化联运中，还需要解决一些技术难题和政策问题，例如，中国与欧洲一些国家的铁路轨道宽度不同，中欧班列在运输中如何更快速地完成换轮轨或者能否采用其他更便捷的方式解决以上这些问题。同时，政府可以出台相关政策鼓励和支持数字化联运的发展，例如在税收、补贴等方面给予优惠和支持。

5.2.3 数字化联运的实践案例：马士基物流数字化解决方案

马士基（Maersk）是一家总部位于丹麦哥本哈根的全球性物流和运输公司，自1904年成立以来，已成为全球最大的集装箱运输公司之一。该公司提供全方位的物流服务，包括海运、空运、陆运、仓储和物流解决方案等。马士基在数字化转型方面一直走在前列，致力于推动全球供应链的数字化改造和转型。他们通过数字平台实现跨供应链的数据共享和实时监控，提高了物流运输的准确性、安全性和效率，帮助客户实现数字化改造和转型，降低成本和风险。

马士基的数字平台包括Maersk.com、Twill.Net、应用程序和EDI等。这些平台功能强大，为客户提供在线订舱、电子提单管理、货物实时追踪等一系列数字化服务，不仅简化了客户的工作流程，提高了工作效率，同时也增强了整个物流过程的透明度，使得客户可以更加方便地掌握货物的实时状态。马士基的数字平台是该公司数字化转型的重要组成部分，也是其为客户提供优质服务的关键所在。

在货物追踪方面，客户可以通过互动地图体验人工智能技术，基于历史信息和导航卫星定位数据获知船舶预计抵港时间，搜索办事处、港口、堆场等信息，利用机器学习船舶抵达下一目的地的时间预测准确性提高45%～60%。通过官网，客户可以一站式获取来自马士基的所有最新客户建议，以及费率公告。如此可免去搜索信息的烦琐步骤，节省时间和精力。[32] 马士基也在继续努力，将人工智能技术扩展至内陆运输领域。

除了数字化转型方面的优势，马士基还致力于可持续发展，推动绿色航运和环保物流。他们通过优化能源消耗和排放管理，实现节能减排和绿色发展，同时也注重提高客户服务水平，为客户提供个性化的物流解决方案。

5.3 智能仓储系统与实时物流追踪

5.3.1 智能仓储系统概述

智能仓储系统是一种基于物联网技术的现代化物流管理系统，旨在提高仓储效率和精度，降低运营成本，促进供应链的优化和升级。该系统通过安装在车辆、船舶上的专业定位设备，提供实时精确的货物运输信息和导航服务，同时通过平台为供应链相关方提供多种软件应用，贯穿于服务的各个环节。

物联网技术是智能仓储系统中不可或缺的重要支撑技术之一。该技术具有非接触式、容量大、抗干扰等优点，可以实现对物品的实时监控和追踪，提高仓储管理的效率和精度。在智能仓储系统中，物联网技术可以应用于如图5-3所示的货物的入库预约、预检、存储、出库、盘点等各个环节，实现自动化和智能化管理。

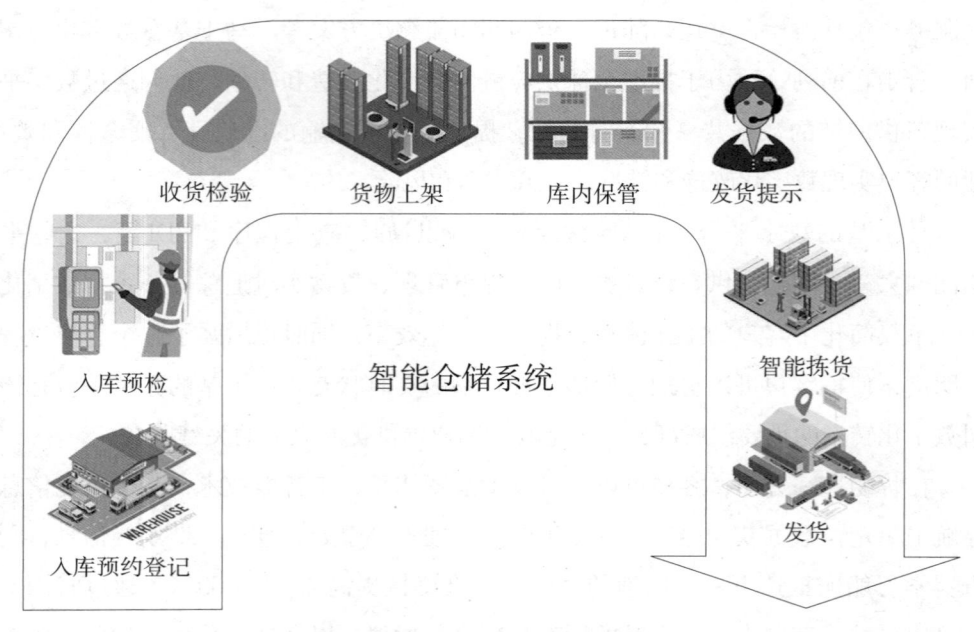

图5-3 智能仓储系统主要业务流程

智能仓储系统的应用和发展受到多种因素的制约。首先，智能仓储系统需要加强对货品的储存管理，以提升企业的经济效益，同时激发企业内部员工的工作热情，促使他们为管理体系的完善投入更多的精力和资源。其次，需要规范各项业务操作流程，实现存储、出入库、盘点等关键环节的自动化，以提高企业工作效率和减少人为错误。再次，还应致力于减轻员工的负担，提升他们的工作积极性，从而为企业创造更大的价值。最后，为了更好地监控仓储过程和信息流动，智能仓储系统还应具备可视化功能，包括过程管理可视化与仓储信息可视化。这样管理者可以实时掌握物品的动态信息，实现库存信息的自动化管理，进而推动无纸化作业的进程。[33]

5.3.2 实时物流追踪技术

智能仓储系统通过结合多种先进技术和设备,可以实现物流实时追踪的功能。以下是智能仓储系统实现物流实时追踪的几个关键步骤。

(1) 硬件设备部署

智能仓储系统需要部署各种硬件设备,包括传感器、摄像头、RFID读写器、导航卫星定位器等。这些设备可以实时采集物流信息,如物品的位置、数量、状态等,并将信息传输到软件系统中。

(2) 数据采集与传输

智能仓储系统的软件系统通过与硬件设备的集成,可以实时采集物流信息,进行物品的入库、出库、移库、盘点等操作。同时,软件系统还可以将采集到的数据通过互联网或无线网络传输到云端服务器,以便进行实时的数据处理和分析。

(3) 数据处理与分析

智能仓储系统的云端服务器可以对采集到的物流信息进行实时处理和分析。通过对大量数据的分析,可以实现对货物的运输路径、库存状况、销售状况等进行精准的预测和分析,从而为物流企业提供更加准确和及时的决策支持。

(4) 信息可视化

智能仓储系统可以将采集和分析后的物流信息以图形化方式展示出来,如货物的在途运输轨迹、库存状况、销售状况等。这样可以让企业更加直观地了解货物的实时状态和位置,以及库存和销售情况,从而更好地进行物流管理和决策。

(5) 自动化决策与执行

通过运用自动化技术,系统能够对物流信息进行高效分析和处理,并基于这些数据自动制订相应的决策和执行操作。例如,一旦某一地区的库存量降至预设的安全水平以下,智能仓储系统能够自动触发补货通知,将信息迅速传递给相应的供应商或物流企业。此外,该系统还能实时调整库存水平,确保供应链的稳定性和持续性。这种自动化决策与执行能力极大地提升了物流运作的效率和准确性,为企业节省了大量的人力成本和时间成本。

综上所述,智能仓储系统通过多种技术的集成和运用,可以实现物流实时追踪的功能,提高物流管理的效率和精度。同时,智能仓储系统还可以为企业提供更加准确和及时的决策支持,促进供应链的优化和升级。

5.3.3 智能仓储系统设计与实时物流追踪实现

智能仓储系统主要包括车机、平台和服务三个部分。车机是指安装在车辆上的专业设备，包括导航卫星定位器、RFID读写器、传感器等，用于采集车辆的运输信息，实现车辆的实时监控与定位。平台是指整个系统的运行平台，提供各种应用软件，包括数据采集、处理、分析、可视化等，实现仓储管理的自动化和智能化。服务是指为物流企业提供的各项服务，包括货物接送、仓储管理、订单处理、客户服务等。

如图5-4所示，在平台构成方面，智能仓储系统主要包括RFID读写终端系统、车载终端系统、RFID中间件、Wi-Fi室内定位子系统、仓储物资管理系统和数据库服务器六部分。RFID读写终端系统作为仓储管理系统中的感知层，利用RFID读写器对物品进行标识、读取和传输。该系统通过与RFID标签的通信，获取物品的标识信息，并将其传输给其他系统组件进行处理。车载终端系统作为仓储管理系统的一部分，通过车载设备，如移动终端设备或车载RFID设备，实现对仓库内物品的定位、扫描和信息传输，将物品信息传输到其他系统组件进行处理。RFID中间件作为连接感知层和应用层的桥梁，负责对RFID读写终端系统和车载终端系统采集到的物品信息进行处理、解析和转换，以便应用层系统能够读取和处理这些信息。RFID中间件在感知层和应用层之间进行数据的传输和转换，确保数据的准确性和完整性。Wi-Fi室内定位子系统负责实现对仓库内人员和物品的室内定位功能，为其他系统组件提供实时的位置信息。服务器包括应用服务器和数据库服务器，是整个系统的核心和存储中心。应用服务器负责接收和处理从RFID读写终端系统、车载终端系统、RFID中间件、Wi-Fi室内定位子系统和仓储物资管理系统传输过来的数据执行相应的业务逻辑和算法并向前端界面提供相应的服务接口。数据库服务器负责存储系统中涉及的所有数据，包括物品信息、储位信息、人员信息、系统配置信息等，以支持系统的数据管理和查询需求。[34]

随着科技的快速发展，物联网为物流和仓储带来了许多创新的可能性，使得企业能够实时跟踪货物、优化库存管理和提高运营效率。尽管物联网技术带来了许多优势，但在实施过程中也面临着一些挑战。

物联网技术在仓储物流中的应用正在不断深化和拓展。借助无线传感器网络和RFID等技术，能够实时监控仓库内的温度、湿度、光照等环境条件，确保货物始

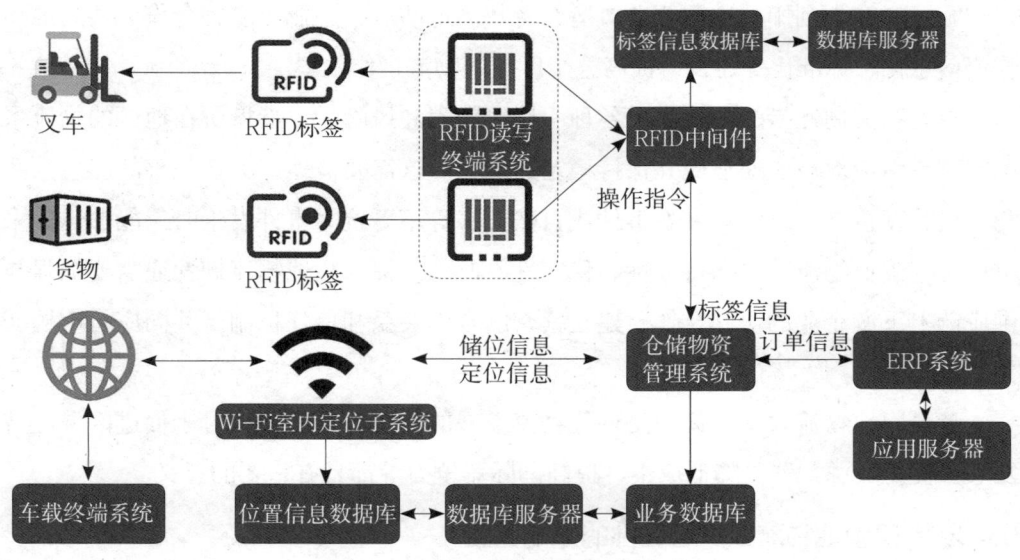

图 5-4　智能仓储系统平台总体架构

终在最佳的存储条件下保存。此外，物联网技术还能实时追踪货物的位置，显著提高货物的可见性和可追踪性。这一功能不仅有助于提升运营效率，而且通过预测分析，还能预测未来的需求并优化库存水平。

未来，物联网技术将进一步推动物流和仓储行业的自动化与智能化。例如，通过机器学习和人工智能技术，可以根据历史数据预测货物的需求，自动调整库存水平，甚至自动执行一些日常任务，如货物的分拣和配送。此外，物联网技术还可以促进供应链的透明化和协同性。通过实时共享数据，供应商、物流公司、零售商等所有参与者都可以更好地了解货物的状态和位置，从而更好地协调工作流程。

5.4 数字化提升港口腹地物流效率与韧性

5.4.1 港口腹地物流效率与韧性的内涵

在内涵界定方面，"韧性"起初作为物理学概念，通常指物体受到外力后恢复至原状的能力。[35]随着概念的不断外延，经济韧性、产业韧性、城市韧性等新概念不断涌现。[36]港口腹地物流效率与韧性指的是港口所在地区的物流系统在应对外部冲击和内部变化时，仍然能够保持其运营持续稳定的能力。这种效率与韧性在很大程度上取决于该地区的物流网络、基础设施、信息系统及供应链协同等多个因素。

具体来讲，腹地物流效率指的是在港口所在地区，通过优化物流运作流程，减少不合理的运输、库存等成本，提高物流服务的速度和质量，从而实现物流资源的合理配置和高效利用。这需要港口运营者与当地政府、企业等多方合作，共同推动物流信息化、标准化等建设，提高整个区域的物流运作效率。

腹地物流韧性指的是在面对各种不确定因素和风险时，港口所在地区的物流系统能够灵活应对、快速适应并保持稳定的能力。这需要该地区具备完善的应急预案和危机管理机制，以便在突发事件或自然灾害等不可抗力事件发生时，能够迅速采取措施，确保物流运输的持续性和稳定性。此外，提高腹地物流韧性还需要加强与供应链上下游企业的协同合作，建立紧密的合作关系和信任机制，共同应对市场变化和风险挑战。

港口腹地物流效率与韧性是现代物流发展的重要方向之一，对于促进区域经济发展、优化资源配置、降低成本、提高国际竞争力等都具有重要的意义。

5.4.2 港口腹地物流效率与韧性的影响因素

港口腹地物流的发展与区域经济的繁荣是相互关联的。高效的港口腹地物流系统能够有效减少货物的滞留时间，降低运输成本，进而提高港口的货物吞吐能力与服务品质。这不仅满足了客户对货物运输的时效性、可靠性和安全性的需求，还增加了客户的满意度和忠诚度，从而进一步提升了港口的竞争力和吸引力。表5-1详细列出了影响港口腹地物流效率的关键因素。

表5-1 港口腹地物流效率影响因素

影响因素	影响方式
基础设施	港口腹地物流的基础设施涵盖了公路、铁路、水路和航空等多种运输方式，以及仓库、堆场和码头等仓储设施。这些基础设施的完备程度及运行效率，对港口腹地物流的效率产生直接影响。若基础设施完善且运行效率高，将极大地提升港口腹地物流的效率；若基础设施不完善或运行效率低下，将会制约物流效率的提升。
信息化水平	现代港口腹地物流的发展离不开高度信息化的支撑，其中涵盖了物联网、大数据和人工智能等一系列先进技术。随着信息化水平的不断提升，港口腹地物流的运营效率和服务质量也随之得到显著提高。这些先进技术的应用不仅简化了物流流程，提高了运行效率，还为客户提供了更加精准和高效的服务体验。
供应链协同程度	港口腹地的供应链中，各个环节需要实现高度协同，包括供应商、生产商、物流服务商及销售商等各方的紧密合作与信息共享。这种协同程度的提升，将直接促进物流效率的提高。通过优化各方的合作机制和信息交流，可以减少冗余和延误，确保供应链的高效运作。

续表

影响因素	影响方式
政策环境	政府的政策环境对港口腹地物流的效率具有显著影响，涵盖了贸易政策、税收政策、土地政策等多个方面。政府政策支持程度在很大程度上决定了物流效率。如果政府能够提供积极的政策支持，如制定有利于物流业发展的贸易政策、税收政策和土地政策，将有助于提高物流效率。
人员素质	港口工作人员的素质对物流效率也有重要影响。工作人员需要掌握先进的物流技术和管理知识，但缺乏培训和技能升级机会的员工，可能无法跟上物流行业的发展趋势，从而影响工作效率。
风险管理水平	港口腹地物流面临着多种风险，如自然灾害、政治风险、市场波动等。数字化技术可以帮助港口企业建立全面的风险管理体系，预测和应对各种风险挑战。例如，利用大数据和人工智能技术对市场波动进行分析与预测，提前制订应对措施，降低市场风险对港口腹地物流的影响。

港口腹地物流韧性，可能受到如表5-2所示因素的影响。

表5-2 港口腹地物流韧性影响因素

影响因素	影响方式
基础设施稳定性	港口基础设施的稳定性对港口腹地物流韧性至关重要。在面对自然灾害或其他突发事件时，如果基础设施足够稳定，就能更好地应对挑战，保持物流的连续性。
供应链的弹性	港口腹地物流与上下游企业之间的合作效率和响应速度受到供应链弹性的影响。当各环节能够实现信息共享和资源优化配置时，整个物流系统在面对突发事件时就能够迅速进行调整和恢复。这种能力有助于增强整个供应链的韧性，并确保其稳定性和可靠性。因此，供应链的弹性是维护物流系统稳定的关键因素之一。
应急计划有效性	对于港口物流系统来说，拥有有效的应急计划是提高韧性的关键。应急计划能够在面对突发事件时指导港口如何快速恢复和调整，从而保持物流的连续性。
信息化应用水平	信息化应用水平会影响港口腹地物流的信息化、智能化程度和数据处理能力。如果港口企业能够充分应用数字化技术，提高信息化、智能化程度和数据处理能力，那么就可以更好地优化物流运作流程、提高运输效率和质量，增强供应链协同和风险管理能力，从而提高港口腹地物流的效率和韧性。
物流网络布局	如果物流网络布局合理，多元化运输方式选择得当，那么即使某个运输方式出现问题，其他运输方式也可以迅速补上，保持物流运输的持续性和稳定性。

通过以上分析，可以发现数字化技术对港口腹地物流效率和韧性的影响具有双重性。数字化的应用不仅可以提高物流运作的效率和可靠性，同时也可以增强港口企业应对市场变化和风险挑战的能力。因此，数字化是推动港口腹地物流行业发展的重要力量，对于提高港口企业的竞争力和可持续发展能力具有重要意义。未来，数字化技术将在港口物流行业中扮演更加重要的角色，为港口物流行业的快速发展与进步提供更加广阔的空间和机遇。

5.4.3 数字化技术在提高港口腹地物流效率与韧性方面的应用

随着数字经济的飞速发展，新一代信息技术与物流技术紧密结合，推动了智慧物流模式的崛起。智慧物流以数字化、智能化、网络化、绿色化、可视化、柔性化为特色，实现了物流运作各环节的自动化执行、智能化运作和智慧化决策。这不仅提升了物流运作的效率和准确性，还为企业提供了更大的竞争优势。[37]数字化技术在港口腹地物流中有着广泛的应用。以位于长江三角洲地区，拥有得天独厚的地理位置和良好的基础设施的上海港为例，2023年上海港完成集装箱吞吐量4915.8万标准箱，连续14年位居全球第一。为了提高物流效率和韧性，进一步提升上海港的集疏运体系，为客户提供更高效、更优质的服务，上港集团投资建设了上海港集疏运中心。该中心是全球首创的双层立体交通、立体作业的集疏运中心，实现对人员、集装箱货物、堆场、集卡的综合管控，实现集装箱在集疏运中心与港区之间的快速转运。

（1）提高港口腹地物流效率

在提高港口腹地物流效率方面，上海港集疏运中心采取了以下措施。

①智能化调度系统。利用人工智能和北斗导航技术，实现对运输车辆的实时监控和调度。根据运输需求和交通状况，系统可以自动规划最佳运输路径，并调度合适的运输车辆，确保集装箱准时到达。

②自动化装卸设备。引入自动化桥吊和智能堆场系统，提高集装箱的装卸速度和准确性。通过5G远程操控技术，实现集装箱在集疏运中心与港区之间的快速转运，减少人力干预和等待时间。

③电子化单证管理。利用数字化技术实现电子化的单证管理，简化文件传递流程，提高文件处理的效率。通过与海关、检验检疫等部门的电子化单证交换，加快货物的通关速度。

（2）提高港口腹地物流韧性

在提高港口腹地物流韧性方面，上海港集疏运中心采取了以下措施。

①多元化运输方式。借助公铁水多式联运，实现集装箱在不同运输方式之间的无缝衔接。通过多种运输方式的协同合作，降低对单一运输方式的依赖，并在某种运输方式出现问题时，通过其他方式继续进行货物运输。

②应急响应系统。建立完善的应急响应系统，通过物联网技术对港口设施、船舶和货物进行实时监控。一旦发现异常情况，系统可以迅速触发应急响应并通知相关人员进行处理。这可以减少事故发生的风险和损失，并尽快恢复正常运作。

③预测性维护系统。利用大数据技术对设备运行数据进行实时监测和分析，提前预测设备可能出现的问题并及时进行维修和更换。这可以减少设备故障停机和延误，提高设备的运行效率和可靠性。

作为连续十多年集装箱吞吐量、连通度排名全球首位的港口，为了满足日益增长的物流需求和应对复杂多变的供应链环境，上海港采取了多种措施来提高其服务质量和效率。通过优化流程和管理，上海港提高了集装箱的装卸速度和运输效率。这包括引入自动化桥吊和智能堆场系统，以及利用人工智能与北斗导航技术实现智能化调度和电子化单证管理。同时，上海港积极发展国际中转、中转集拼等业务。这些业务不仅增加了港口的吞吐量，还提高了集装箱的利用率和运输效率。通过与国内外港口的合作，上海港实现了集装箱在不同运输方式之间的无缝衔接，进一步拓展了服务辐射范围。此外，上海港还投资国际港口以适应经贸和供应链的新格局。这包括加强与内陆港口的合作，发展公铁水等多式联运，以及拓展海铁联运业务。这些措施不仅降低了运输成本，提高了运输效率，还为上海港的持续发展提供了新的动力。

未来，随着经贸和供应链格局的不断变化和发展，上海港将继续发挥其作为全球航运枢纽的重要作用，为全球贸易和物流的发展做出更大的贡献。面对当前港航业外部环境的变化，上海港将通过业务、资本等多种合作方式持续发展水水、公铁水等多式联运，为客户打造更为便捷、绿色的货物进出口出海新通道，提升供应链的安全韧性。与港航供应链企业携手共建韧性港航，通过共享标准、共享数据、共享创新成果，实现聚点成链、组链成网，共同打造数字港航，为客户提供更为便捷的进出口服务。[38]

本章课件

第 6 章
全球智能航运网络与物流效率

全球智能航运网络作为一种集数字化、智能化、自动化和协同化于一体的未来航运系统，通过全面改造航运过程，提高运营效率和安全性，推动行业的可持续发展和创新升级。

6.1 全球智能航运网络的构建

6.1.1 全球智能航运网络的内涵

全球智能航运网络是一个复杂且综合的系统，对此，学术界还没有明确的定义。全球智能航运网络主要是指利用先进的信息技术，如物联网、大数据、人工智能等，对航运过程进行数字化和智能化的改造。通过连接船舶、港口、海关、边防等各个环节，实现信息的共享和协同作业，提高航运的效率和安全性。该网络不仅涉及船舶、港口、货物等信息的收集、传输、处理和应用，还涵盖了航运管理和运营的各个方面。

综合来说，全球智能航运网络的内涵主要包括以下几个方面。

（1）数字化技术

全球智能航运网络采用数字化技术对航运过程进行全面改造。它通过物联网、大数据、人工智能等信息技术，实现信息的实时采集、传输、处理和分析，为船舶和港口提供全面的数据支持。

（2）智能化决策

全球智能航运网络利用人工智能和大数据分析技术，对收集到的海量数据进行处理和分析，为船舶和港口提供智能化的决策支持。例如，通过预测船舶故障和维护需求，优化运输路径和服务网络，提高运营效率和客户满意度。

（3）自动化控制

全球智能航运网络通过自动化控制技术，实现船舶和港口的自动化操作和管理。例如，通过自动导航、自动靠离泊、自动装卸等自动化技术，提高作业效率和安全性。

（4）协同化运作

全球智能航运网络通过协同化运作机制，实现船舶、港口、海关、边防等各个环节的协同作业。它通过信息共享和业务协同，优化航运流程和提高整体运营效率。

（5）注重绿色环保

全球智能航运网络注重绿色环保理念，通过采取优化航行路径、降低能耗和排放等措施，实现绿色航运。同时，它还考虑环境保护和可持续发展，推动航运业与环境和谐共生。

综上所述，全球智能航运网络融合了数字化、智能化、自动化、协同性及绿色环保的多重特性，构建了一个前沿的智慧航运体系。它通过深度重塑航运流程，有效增强了船舶运营的效率和安全性，为实现航运业的可持续发展与创新升级奠定了坚实基础。

6.1.2 数字化在智能航运网络中的作用及实现路径

在智能航运网络中，数字化技术发挥着至关重要的作用。它不仅推动了航运企业的数字化转型，实现了业务流程的智能化和自动化，提高了运营效率和服务质量，而且帮助企业更好地掌握市场需求和趋势。通过数据分析和挖掘，航运企业可以制订更加精准的商业决策。此外，数字化技术还能优化企业的运输路径和资源配置，提高运输效率并降低成本。在安全驾驶方面，数字化技术可以增强企业的安全性和可靠性，通过智能化监控和预警系统，及时发现并应对潜在的安全风险和问题。在数据互联互通方面，数字化技术可以实现航运企业与其他相关企业之间的信息共享和业务协同，推动供应链的透明化和可视化，提高整个供应链的效率和可靠性。

在智能船舶方面，欧美国家将智能船舶研究重点放在了船舶自动化和无人化技术上，日韩等国家的研究主要集中于船舶内部设备与网络通信优化。2019年5月，我国首艘无人驾驶自主航行的实验船智腾号于青岛成功下水试航，为船舶自主航行技术的进一步研究提供了宝贵的试验条件。[39]在智能港口方面，船舶进出港报告、海关审批、进出港靠泊与卸货作业安排及税费收取支付等环节都需实现数字化。通过智能化技术应用，可以更全面、准确地进行监管取证，确保航运的安全与秩序。[40]

如图6-1所示，数字化在智能航运网络中的实现需要从以下几个方面入手。

另外，数字化在智能航运网络中的应用需要有一支具备数字化技能和航运专业知识的团队来支撑。航运企业需要加强人才培养和管理，提高员工的数字化素养和技能水平，以适应数字化转型的需求。

综上所述，数字化在智能航运网络中的实现需要从建立数字化平台、数据采集和传输、数据处理和分析、智能化应用、建立网络和数据安全体系以及加强人才培养和管理等方面入手。通过不断推进数字化技术的应用和发展，智能航运网络的功能和性能将得到进一步提升与完善。

全球智能航运网络与物流效率　第6章

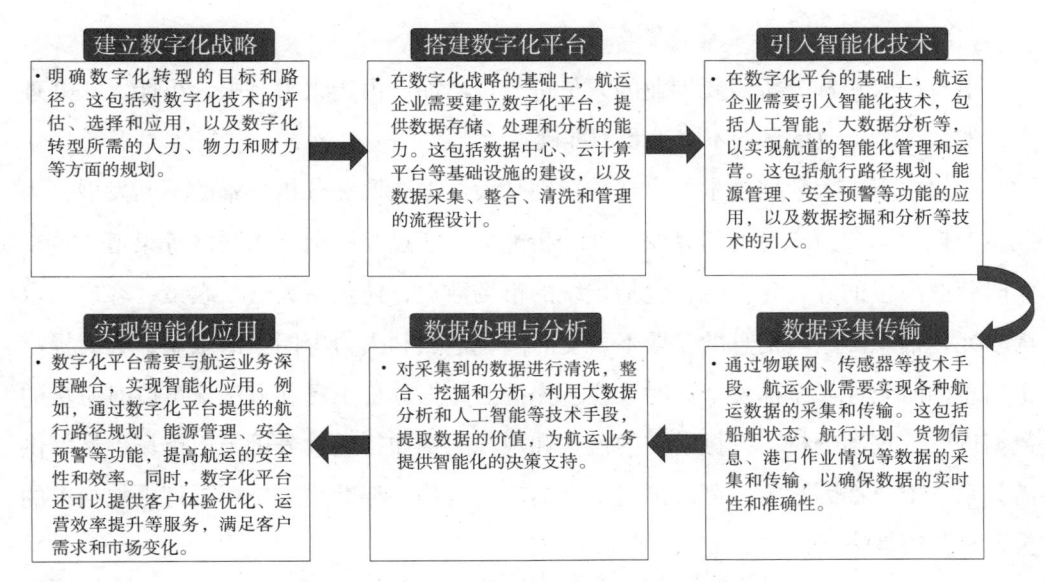

```
┌─────────────────┐      ┌─────────────────┐      ┌─────────────────┐
│  建立数字化战略  │      │  搭建数字化平台  │      │  引入智能化技术  │
├─────────────────┤      ├─────────────────┤      ├─────────────────┤
│•明确数字化转型的 │ ───▶ │•在数字化战略的基 │ ───▶ │•在数字化平台的基 │
│ 目标和路径。这包 │      │ 础上,航运企业需 │      │ 础上,航运企业需 │
│ 括对数字化技术的 │      │ 要建立数字化平台,│      │ 要引入智能化技术,│
│ 评估、选择和应用,│      │ 提供数据存储、处 │      │ 包括人工智能、大 │
│ 以及数字化转型所 │      │ 理和分析的能力。 │      │ 数据分析等,以实 │
│ 需的人力、物力和 │      │ 这包括数据中心、 │      │ 现航道的智能化管 │
│ 财力等方面的规划。│      │ 云计算平台等基础 │      │ 理和运营。这包括 │
│                 │      │ 设施的建设,以及 │      │ 航行路径规划、能 │
│                 │      │ 数据采集、整合、 │      │ 源管理、安全预警 │
│                 │      │ 清洗和管理的流程 │      │ 等功能的应用,以 │
│                 │      │ 设计。          │      │ 及数据挖掘和分析 │
│                 │      │                 │      │ 等技术的引入。   │
└─────────────────┘      └─────────────────┘      └─────────────────┘
                                                            │
┌─────────────────┐      ┌─────────────────┐      ┌─────────────────┐
│  实现智能化应用  │      │  数据处理与分析  │      │   数据采集传输   │
├─────────────────┤      ├─────────────────┤      ├─────────────────┤
│•数字化平台需要与 │ ◀─── │•对采集到的数据进 │ ◀─── │•通过物联网、传感 │
│ 航运业务深度融合,│      │ 行清洗、整合、挖 │      │ 器等技术手段,航 │
│ 实现智能化应用。 │      │ 掘和分析,利用大 │      │ 运企业需要实现各 │
│ 例如,通过数字化 │      │ 数据分析和人工智 │      │ 种航运数据的采集 │
│ 平台提供的航行路 │      │ 能等技术手段,提 │      │ 和传输。这包括船 │
│ 径规划、能源管理、│      │ 取数据的价值,为 │      │ 舶状态、航行计划、│
│ 安全预警等功能, │      │ 航运业务提供智能 │      │ 货物信息、港口作 │
│ 提高航运的安全性 │      │ 化的决策支持。   │      │ 业情况等数据的采 │
│ 和效率。同时,数 │      │                 │      │ 集和传输,以确保 │
│ 字化平台还可以提 │      │                 │      │ 数据的实时性和准 │
│ 供客户体验优化、 │      │                 │      │ 确性。          │
│ 运营效率提升等服 │      │                 │      │                 │
│ 务,满足客户需求 │      │                 │      │                 │
│ 和市场变化。     │      │                 │      │                 │
└─────────────────┘      └─────────────────┘      └─────────────────┘
```

图 6-1　数字化在智能航运网络中的实现路径

6.2 大数据在航运决策中的应用

6.2.1 大数据在航运决策中的应用背景

被誉为现代管理学之父的德鲁克曾经指出:"预测未来最好的方法就是去创造未来。"如今大数据革命正在创造未来。大数据应用可以从大量的、实时的基础数据中挖掘出具有特殊关联性的信息,从而了解船舶的运行状态、市场趋势和客户需求等信息,进而帮助企业做出更明智的决策。[41]

在航运业中,信息的获取和分析对于决策者至关重要。例如,对于船运公司来说,他们需要了解货源情况、航线状况、市场竞争情况以及天气和政策等外部因素,以便做出合理的决策。然而,传统的信息获取方式往往受限于时间、地点和人力等因素,导致信息不对称和碎片化。

传统的信息获取方式包括以下几个方面的问题。

(1) 时间延迟

很多信息,如市场价格、天气预报等都是实时变化的,而传统的信息获取方式往往需要一定的时间进行收集、整理和分析,导致信息的时效性较差。

(2) 地点限制

航运业是一个全球性的行业,业务内容涉及的地点广泛且分散。传统的信息获取方式可能难以全面覆盖所有相关的信息源。

（3）人力限制

信息的收集和分析需要专业的人员进行。然而，由于人力有限，可能无法处理大量的数据，导致信息的不完整和不准确。

相比之下，大数据技术的出现，特别是大数据获取和分析技术的不断发展，为航运业提供了前所未有的信息获取和分析能力。通过互联网、物联网等渠道，可以实时获取海量的碎片化信息，包括传统的市场数据，还包括天气、政策、客户需求等多元化信息。这些信息的获取不再受时间、地点和人力等因素的限制，大大提高了信息的时效性和全面性。同时，通过先进的数据分析工具和方法，可以对海量的数据进行处理和分析，挖掘潜在的模式和规律。例如，通过分析历史市场价格、供需关系、季节性因素等，可以预测未来的市场走势，帮助船运公司制订更加精准的投资和营销策略。

大数据挖掘可以帮助决策者把握市场动态和趋势，从而制订更加科学和有效的策略。大数据技术的核心算法正持续演进，凭借对庞大数据集的深度挖掘与分析，实现了更为精细的数据模拟与未来趋势预测。这一进步不仅极大地丰富了决策者的信息库，还通过智能算法的优化处理，为决策者提供了前所未有的精准度和时效性兼备的决策辅助工具。例如，利用机器学习和人工智能算法，可以对市场数据进行深度分析，预测未来的市场走势，帮助决策者制订更加精准的投资和营销策略。

6.2.2 大数据在航运决策中的应用案例

为提升大连港的生产业务协同水平和服务效果，助力建设大连东北亚国际航运中心，响应"一带一路"倡议和振兴东北老工业基地的时代发展需求，大连集发环渤海集装箱运输有限公司研发出一套基于大数据和人工智能的航运生产分析决策系统。该系统运用大数据技术，实现了从数据采集到实时的物联网信息与业务操作信息的整合、存储、分析的一体化运行模式。另外，为了对企业运营状况进行深入分析，大连港还建立了企业管理战略模型，通过该模型系统能够提取输入数据的关键敏感信息，并利用人工智能和机器学习等尖端技术，对企业经营数据进行预测分析。其具体建设步骤如下。

一是建立集装箱航运企业经营决策和战略决策体系。为了更好地整合这些方法，结合集装箱航运企业的管理逻辑和分析方法，建立了经营决策和战略决策模型体系。该模型体系能够实时了解大连港整体运营状况，形成针对环渤海地区的集装箱航运业务生产经营方法。

二是利用大数据技术实现多系统、业务操作、船舶航行、外部船舶轨迹等内外部数据实时采集，并整合储存至存储平台。同时对非结构化数据进行结构化处理，形成数据仓库，为系统进行生产分析预测提供坚实的数据基础。

三是建立软件即服务（software-as-a-service，SaaS）云服务平台，通过标准接口进行数据交换，从而提高系统的兼容性和可推广性。

四是打造基于多因素敏感性的航运成本利润分析模式。如图 6-2 所示，通过经营决策和战略决策体系模型，选取并分析集装箱航运业务敏感性环节及其相互作用关系，以反映敏感性因子在生产经营中的作用情况。这有助于企业更好地理解市场变化和客户需求，为制订更精准的策略提供有力支持。

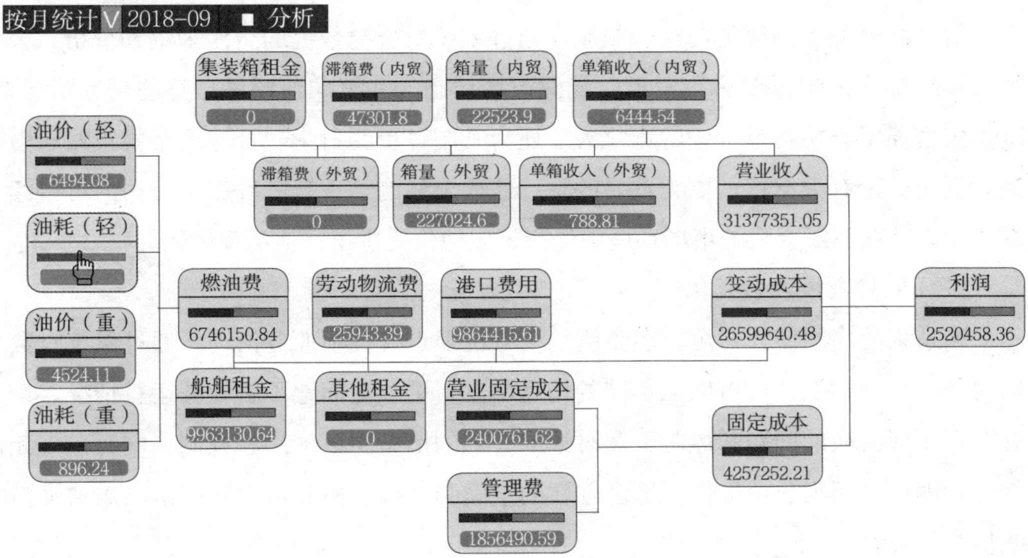

图 6-2　航运生产分析决策系统敏感性分析

智能化分析与管理不仅提高了生产经营分析的稳定性和一致性，还让公司可以根据市场需求灵活调整业务策略。这有助于提高企业的竞争力，降低成本，优化资源配置，并应对市场变化。同时，该系统的成功应用为其他行业提供了有益的借鉴和参考，推动了大数据技术在企业管理中更广泛的应用和发展。

该系统的成功上线不仅显著改善了传统的经营数据分析模式，还在多个方面为公司的管理带来了重大变革，包括管理模式、管理范围、管理角度和管理效率等。

（1）管理模式的完善

该系统的应用彻底颠覆了传统的经营数据分析模式。在系统应用之前，业务决策主要基于工作人员的经验和有限、片面、少量的数据支持。工作人员需要根据自己的判断制订各种调度计划和航线计划等。然而，随着人员的岗位变动、人员流动导致的工作交接不完整、新员工上手慢等问题也随之出现。而该系统的应用则彻底改变了这一现状。该系统能够自动进行数据采集、整理、分析，并生成各种经营指标的报表，从而为决策者提供更加准确、全面的数据支持。此外，该系统还能够根据历史数据预测未来的市场走势，帮助公司更好地制订战略计划。因此，该系统的成功应用大幅改善了公司的管理模式，提高了决策的准确性和效率。

（2）管理范围的扩大

该系统的应用不仅仅局限于传统的航线管理和船舶管理，而是进一步扩展到了客户管理和财务管理等更广泛的领域。通过系统对各类数据的全面采集和分析，公司得以更加深入地了解客户需求，掌握市场动态，并精准地评估自身的财务状况。这不仅增强了公司在市场中的竞争力，还为其制订更为科学、合理的销售策略和财务计划提供了有力支持。更为重要的是，这种全面的管理范围确保了公司的可持续发展，为其在不断变化的市场环境中保持领先地位提供了坚实的保障。

（3）管理角度的多元化

该系统的应用使公司可以多角度、全方位地审视各项业务活动。通过系统对数据的分类和分析，公司可以从不同的角度出发，更加全面地了解业务运行情况。这有助于发现潜在的问题和风险，及时采取有效的措施加以解决和控制。同时，多元化的管理角度还为公司提供了更多创新的空间和机会，使其可以根据市场需求灵活调整业务策略。

（4）管理效率的提高

该系统的应用显著提高了公司的管理效率。一方面，系统自动化的数据处理和分析流程减少了人工干预和操作失误的可能性，提高了数据的准确性和可靠性；另一方面，系统的智能化决策支持功能使决策者能够快速做出判断和决策，减少了决策周期和决策成本。此外，系统的实时监控功能还可以帮助公司及时发现问题并采取相应措施，减少了风险和损失。在2017年，公司面临航运市场行情下滑、外贸进出口额减少等不利市场变化，全年运量减少了约3%。然而，在保证运量的前提下，通过应用基于大数据与人工智能的航运生产分析决策系统，公司成功实现了从原有 673 个航次降至 503 个航次的目标，船舶直靠率提高了 5%。同时，船舶在港时间同比减少了 1070.44 小时。这一系统使得全年各类船舶配载率平均达到 74.97%，同比增长 10%。因此，这套基于大数据与人工智能的航运生产分析决策系统在公司的全面推广应用中起到了至关重要的作用。[42]

6.3 基于区块链的航运保险与融资创新

6.3.1 区块链在航运保险中的作用

区块链作为一种具备独特开放性和连接性的技术，被誉为"值得信任的机器"，能够有效解决数据的唯一性、连续性和互信性问题。这一特性使得区块链与保险行业产生了极高的契合度。保险的本质是风险交易，并且在服务实体经济方面扮演着重要的角色。保险业务涉及众多的参与方，因此需要一个开放、可信的方式将各方连接起来。相关研究报告显示，保险业在区块链各行业应用场景中的占比高达 22%，位列各行业之首。[43]这充分表明了保险业在应用新技术、寻求创新发展方面的积极态度和强大实力。

在航运保险中，区块链的作用尤其显著。它能够通过数据的去中心化存储和共享，解决航运业中信息不对称的问题，帮助保险公司和航运公司更好地了解货物、船只、人员等各方面的实时信息。这样，保险公司就能更准确地评估风险，制订出更合理的保险方案，同时也能更好地处理索赔和理赔事务。在合同开发阶段，区块链技术可以实现海上保险的个性化、精准化设计。在合同订立阶段，客户可以在平台上方便地通过自己的入口下单，并且后期数据会自动更新，从而实现合同的智能化管理。在合同存续阶段，通过船方、货方等多方信息广播，可以实现对所保货物或者船舶的实时信息监控。在索赔阶段，赔偿标的价值可以溯源，因而无须第三方机构评估就能实现永久审计跟踪。[44]传统的保险业务由于缺乏有效的信息验证手段，往往存在欺诈风险。区块链技术的应用为每笔交易提供了追溯和验证的功能，从而显著降低了欺诈行为的发生概率。[45]如图 6-3 所示，基于区块链的保险平台架构通常由底层的基础设施层的相关设备收集信息结构化数据与半结构化数据，分布式技术层利用区块链相关技术开展信用控制、投保、核保、理赔等相关业务，在身份安全认证和监测预警系统的认证监管下，通过应用层界面实现人机交互。

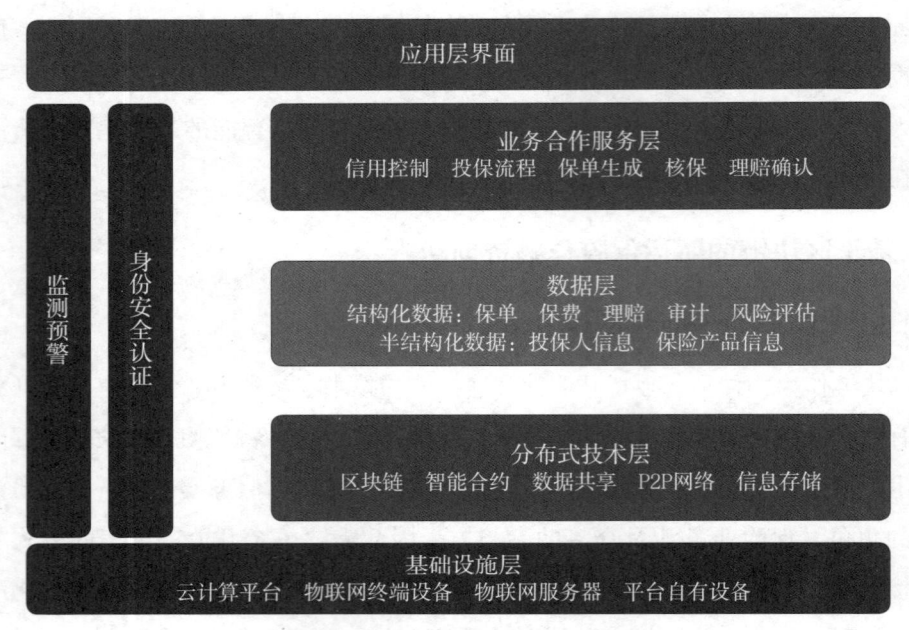

```
┌─────────────────────────────────────────────────────┐
│                    应用层界面                        │
└─────────────────────────────────────────────────────┘
    ┌──┐┌──┐  ┌───────────────────────────────────┐
    │监││身│  │           业务合作服务层            │
    │测││份│  │  信用控制 投保流程 保单生成 核保 理赔确认  │
    │预││安│  └───────────────────────────────────┘
    │警││全│  ┌───────────────────────────────────┐
    │  ││认│  │              数据层                │
    │  ││证│  │ 结构化数据：保单 保费 理赔 审计 风险评估 │
    │  ││  │  │ 半结构化数据：投保人信息 保险产品信息   │
    │  ││  │  └───────────────────────────────────┘
    │  ││  │  ┌───────────────────────────────────┐
    │  ││  │  │           分布式技术层              │
    │  ││  │  │ 区块链 智能合约 数据共享 P2P网络 信息存储 │
    └──┘└──┘  └───────────────────────────────────┘
┌─────────────────────────────────────────────────────┐
│                    基础设施层                        │
│    云计算平台  物联网终端设备  物联网服务器  平台自有设备  │
└─────────────────────────────────────────────────────┘
```

图 6-3　基于区块链的保险平台架构

6.3.2 基于区块链的航运融资创新

航运业的发展离不开船舶租赁、供应链金融、电子商务、保税金融等多种金融模式。但是由于航运是资本密集型产业，融资过程通常涉及巨额费用，并涉及大量的财务对账、结算、清算等环节，而不同融资机构的基础架构与业务流程存在差异，在业务环节通常也伴随着高昂手续费用的产生。另外，由于航运业是一个国际性行业，船东、租家、货主、港口、物流公司、保险公司等主体分布在世界各地，因此融资过程不可避免地会产生多笔跨境转账业务。由于语言与文化上的差异，其间的沟通工作十分复杂。一笔转账汇款有可能在十几个工作日后才能到账，如此漫长的链条不仅影响着资金流的传递，而且影响着物流、信息流的传递，欺诈、违约、信息泄露风险也较高。

在传统融资业务中，需要有大量的财会人员收集、核验、评估财务数据准确性。信用证便是为了提供海运途中的首付款担保而产生的单证业务，相比于传统融资方式，基于区块链的航运融资创新能够更好地解决信息不对称，降低违约风险，并创建一个共同的信息平台。

在传统融资活动中，获得核心公司的信贷批准是困难的，这使得交易过程高度依赖于核心供应商，并且供应链中的业务数据只能在内部传输。但区块链与航运融资业务的结合能够构建一个自动接收并与第三方共享信息和数据的平台。所有的参与方都可以访问并验证供应链中的交易资料，这提高了业务透明性。在航运融资中应用区块链技术可以建立技术审批信任机制，通过共识协议和智能合约在不同公司和机构之间建立互相信任的状态。智能合约还可以包括估算抵押品价值、应收账款监控及提供具体情况的解决方案。这可以有效避免资金的挪用或违约情况的发生，从而降低信贷过程中的信用风险。[46]

6.4 数字化提升航运物流效率与竞争力

6.4.1 航运物流企业数字化转型的挑战

全球港航物流供应链产业正在经历从"信息化"向"数智化"的转型。随着第三次产业革命的发展，信息化成为支撑知识经济健康发展的核心要素。然而，由于其系统性的缺乏和机械性的呆板，信息化逐渐被数智化取代。数智经济时代的到来，对之前所有的经济时代都产生了极强的降维打击，对港航物流供应链产业进行了革命性的重组。随着全球港航物流供应链产业从"信息化"向"数智化"的转型，航运物流企业也面临着数字化转型的挑战。在这个过程中，航运物流企业需要面对技术更新、数据安全、人才短缺、业务流程调整等多方面的挑战。这些挑战主要表现出以下三方面特性。

（1）业务复杂性和流程特殊性

航运物流企业涉及的业务流程较为复杂，包括船舶运输、港口操作、货物装卸等环节。这些业务的特殊性和复杂性给数字化转型带来了一定的难度。企业需要深入理解这些业务流程，才能有针对性地应用数字化技术，优化和改进这些流程。

（2）地域分布广泛和信息不对称性

航运物流企业的服务范围广泛，涉及的地区众多。这可能导致信息的不对称，使得企业难以全面掌握各地的业务情况。数字化转型需要企业构建一个高效的信息传递和共享机制，以便更好地掌握信息，优化资源配置。

（3）对数据安全和隐私保护的高要求性

航运物流企业涉及大量的客户信息、货物信息和资金信息，数据的安全和隐私保护是数字化转型中需要特别关注的问题。企业需要建立严格的数据安全保障机制，确保数据的安全性和隐私性；同时，还需要满足相关法律法规的要求，确保企业的合规性。[47]

6.4.2 数字化提升航运物流竞争力的策略

在数字化浪潮的推动下,航运业已从资源主导型行业转变为资源优化配置型行业。为了解决资源分配不均衡的问题,数字化技术在平衡资源配置和提高全球供应链优化能力方面发挥了重要作用。一套智慧的数字化监管系统能够将航运业务流程整合到系统中,既解放了人工操作,又为企业提供了管理和经营决策的指导。随着企业对数据资产和航运信息化高级复合型人才价值的认识不断加深,数字化战略越来越受重视。为加强数字化战略的实施,法国达飞(CMA CGM)于2020年聘请了IBM法国公司首席执行官尼古拉斯·塞卡奇(Nicolas Sekkaki)担任公司信息技术、数字化和战略转型领域的执行副总裁,作为数字化战略的领导者。此外,埃森哲(Accenture)主管智能运营和创新领域的副总裁帕德玛拉雅·迪潘克尔(Padmaraja Dipankar)也被聘请为公司首席数字官,进一步推动了公司的数字化转型进程。通过实施数字化战略,这些企业不仅能够提高业务效率,优化资源配置,还能够更好地应对市场变化和客户需求,从而在竞争激烈的市场中保持领先地位。[48]

航运物流企业的数字化转型是一项重大工程,涉及企业文化、组织结构、业务流程和技术的全方位变革。转型过程中,企业需要适应新的工作方式和形态,改变传统的思维模式,接纳数字文化,主动运用数字化工具和技术解决问题。当前东西方两大航运咽喉要道同时受阻,巴拿马运河正经历70年来最严重旱情,导致通过运河的船只数量减少,给航运企业带来了不小的压力。由于船只绕行、等待的时间延长,航行成本增加,船只的运营效率降低。在苏伊士运河,受巴以冲突影响过往船只迫于胡塞武装"无差别攻击"压力选择停航或绕航,这种冲突和不稳定因素增加了航运的不确定性和风险。为了应对这种风险,航运企业需要借助数字化技术,实时监测航行环境,预测可能的风险,并制订相应的应对策略。同时,数字化转型也有助于企业提高应急响应能力,减少因突发事件造成的损失。通过数字化技术,企业可以优化航线设计,提高船只调度效率,降低运营成本;同时,也可以提高对外部环境变化的感知能力,及时应对风险和挑战。这不仅有助于企业在当前的困境中保持竞争力,也为未来的可持续发展奠定了基础。航运物流企业的数字化转型要着重完成以下四点。

(1)**静态资源数字化**

静态资源数字化是指将航运物流企业中现有的各类资源进行数字化转换,以便更好地管理和优化资源配置。首先,企业可以通过物联网技术实现仓库、堆场、集装箱等静态资源的实时监控和定位，提高资源利用率和调度效率。其次，企业可以运用大数据技术对各类静态资源进行分析和预测，以便更好地规划和管理资源的使用。

（2）业务流程数字化

业务流程数字化是指将航运物流企业的各项业务流程进行数字化改造，以提高工作效率和降低成本。首先，企业可以引入自动化系统高效录入与处理货物信息，减少人工操作失误。其次，企业可以通过智能化的信息系统实现运输、仓储、配送等各个环节的协同作业，提高整体运营效率。最后，企业还可以运用区块链技术实现货物信息的透明化和可追溯，提高客户信任度和满意度。

（3）动态资源数字化

动态资源数字化是指将航运物流企业中不断变化的资源进行数字化管理，以便更好地应对市场变化和客户需求。企业可以通过实时监控系统对船舶、车辆等运输工具进行远程监控和调度，提高运输效率和降低成本，更好地调整业务策略，优化资源配置。此外，企业还可以通过智能化的信息系统与客户实时沟通，提高客户满意度和忠诚度。

（4）服务产品数字化

服务产品数字化是航运物流企业应对市场变化、提升竞争力的关键手段。通过数字化升级，企业可以更好地满足客户需求，提高服务效率。首先，企业可以利用互联网平台推广和销售服务产品，以提升客户体验和服务效率。其次，企业可以运用大数据技术对客户行为进行分析和预测，深入了解客户需求，为其提供个性化服务。最后，企业可以借助智能化的信息系统，实现服务流程的自动化和智能化，进一步提高服务质量和效率。

本章课件

第 7 章
数字化港航物流管理与创新

港航物流数字化标准与管理是行业数字化转型过程中软环境建设的重要内容，也是推动跨行业合作和数据共享、促进资源整合和技术创新的主要驱动力。

7.1 基于大数据的供应链管理优化

随着科技的快速发展和全球贸易量的不断增长，港航业正在经历着一场前所未有的数字化转型。在这场转型中，大数据技术扮演着关键的角色，它为港航供应链管理提供了优化路径，进一步推动了行业的智能化发展。基于大数据的供应链管理优化路径指的是通过收集、整合和分析供应链各个环节的数据，对供应链进行优化管理，以提高供应链效率和顾客满意度。如图7-1所示，基于大数据的供应链管理优化路径主要包括数据采集、数据处理、数据建模、智能决策、指挥执行、反馈改进六大板块。

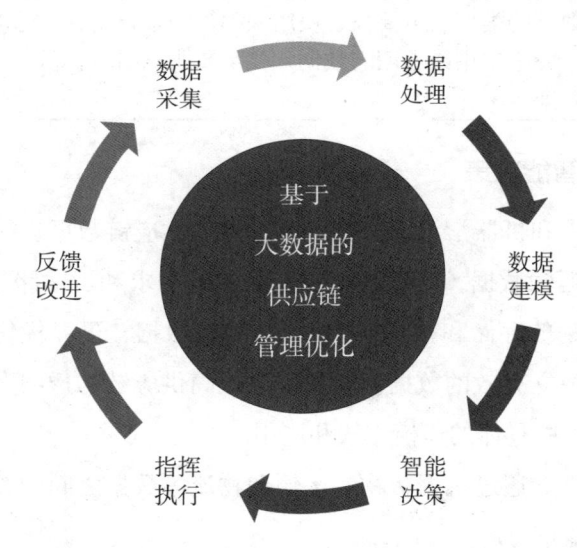

图 7-1 基于大数据的供应链管理优化路径

7.1.1 数据采集与处理

在港航供应链中，数据采集是至关重要的第一步，数据采集包括从港口、航运公司、货主、物流服务提供商等各方收集数据。为了实现数据的有效采集，需要利用射频识别技术追踪货物和记录库存，利用导航卫星系统追踪运输车辆并收集车辆位置和运输进度信息，利用物联网收集各硬件设施设备的工作信息等。除了依靠先进的数据采集技术和工具，为了确保数据的准确性和实时性，还需要制订严格的数据管理规范和流程，包括数据的清洗、整合、分类和归档等。港航供应链涉及的数据类型繁多，包括货物信息、运输信息、物流信息等。数据处理是确保数据质量、安全性和有效性的关键步骤。在港航供应链管理中，数据处理主要包含表7-1中涉及的几个方面。

表 7-1 数据处理的关键步骤与主要内容

关键步骤	主要内容
数据清洗	在理解数据集字段意义和数据类型的基础上，去除重复、错误或不完整的异常数据，提高数据的质量和准确性。再将原始数据转换成可分析的格式形成数据集，最后将清洗后的数据验证通过后存储到数据库或文件中。
数据整合	从数据源中抽取特定数据子集，将不同来源、不同格式的数据进行整合，增强数据间的内在联系，形成统一的数据格式和标准。
数据分类	根据数据的特点和业务需求，明确各业务二级子类的管理范围，将数据进行更细致的分类和标签化，方便后续的数据分析和应用。
数据归档	根据数据的类型、重要性、使用频率等因素，制订合适的归档策略和归档工具。将不常用或过期的数据归档至云服务器中，以节省存储空间，提高数据处理效率。

7.1.2 数据建模与智能决策

利用大数据技术和机器学习算法，可以对港航供应链数据进行建模和分析。例如，通过分析历史运输数据，可以预测未来的运输需求和运输路径；通过分析货物数据，可以优化货物的存储和调度；通过分析物流数据，可以优化物流资源的分配和运输计划。通过建立有效的数据模型，可以提高供应链的透明度和效率，降低成本和风险。以下是一些具体的建模方法和应用。

①关联规则挖掘。通过挖掘货物、运输和物流等数据之间的关联规则，发现隐藏在数据中的有价值信息。

②聚类分析。将相似的货物、运输和物流数据进行聚类，发现不同类群之间的特点和规律。

③时间序列预测。利用历史数据预测未来的运输需求、船舶到港时间等。

④最优路径选择。根据历史数据和实时信息，选择最优的运输路径和靠泊计划。

基于大数据的港航供应链管理优化的最终目标是实现智能决策。通过数据建模和分析，可以将复杂的供应链数据转化为易于理解的指标和洞察，帮助决策者做出更加智能、高效和科学的决策。例如，利用机器学习算法对历史船舶调度数据进行训练，可以预测未来的船舶调度需求，从而帮助企业制订更加合理的调度计划。

借助大数据技术的强大支持，港航供应链管理的执行流程也进一步优化。举例来说，通过实时监控船舶靠泊的情况，我们能够灵活调整船舶靠泊计划；通过实时的堆场使用情况监控，可以适时调整堆场调度计划；同时，对货物动态的实时监控也有助于业务管理者及时调整货物存储和运输计划。此外，还可以利用大数据技术对合作伙伴进行全面评估和高效管理，从而选择更为优质的合作伙伴。在实施优化措施的过程中，应持续跟踪和评估执行效果，确保反馈结果的及时性和准确性，进而推动改进工作。这些优化措施不仅有助于企业提高供应链管理的效率，还有助于提升顾客的满意度，为企业的可持续发展奠定坚实基础。

基于大数据的港航供应链管理优化需要不断进行反馈和改进。通过定期审查和评估供应链数据，可以发现潜在的问题和机会，从而进行改进。例如，通过分析历史船舶靠泊数据，可以优化船舶的靠泊计划和泊位分配；通过分析历史堆场使用情况，可以优化堆场的布局和管理。同时，也可以将评估结果反馈给数据处理和建模阶段，不断优化数据处理和建模的策略和方法。以下是一些具体的反馈方法和应用。

①A/B测试。类似于生物学中的对照试验。首先设定不同的实验方案，各方案应遵从单变量前提，在相同的时间维度观察各方案下的业务数据或用户体验。通过对比不同方案或策略的效果，选择最优的方案实施。

②指标监控。实时监控关键绩效指标（KPIs），如运输成本、交货时间等，及时发现问题并进行改进。

③异常检测。利用大数据技术检测异常事件，如港口拥堵、船舶故障等，及时调整计划并采取应对措施。

④客户反馈。为了持续改进产品和服务，需要积极收集客户反馈信息，及时了解和响应他们的需求与问题。通过定期审查和评估供应链数据，有效识别潜在的供应链问题。这些措施将有助于提升供应链的稳定性和可靠性，进一步满足客户的期望。

基于大数据的港航供应链管理优化是一个涉及多个方面的复杂过程。只有全面、系统地采集和分析港航供应链数据，才能实现港航供应链管理的持续优化和改进。在这个过程中，需要充分利用现有的大数据技术和工具，同时也需要培养一支具备大数据分析和港航供应链管理专业知识的团队，以确保优化策略的有效实施。

7.2 港航物流信息平台的建设与发展

7.2.1 港航物流信息平台建设背景

随着全球经济一体化的深入发展和互联网技术的广泛应用，港航物流行业正面临前所未有的挑战和机遇。传统的港航物流模式存在着许多问题，如信息不对称、效率低下、成本高等，这些问题导致港航物流行业的整体运营效率和服务质量不高，制约了行业的发展。数字化技术的运用可以实现对港航物流信息的实时传递、处理和存储，提高港航物流的运作效率和服务质量，推动港航物流行业的转型升级。因此，建设和发展港航物流信息平台成为一种必然的选择。

港航物流信息平台的建设是数字化时代背景下物流行业发展的必然趋势。在传统的港航物流模式下，信息的传递和处理主要依靠人工操作，存在着信息传递不及时、不准确、不全面等问题，这导致了港航物流的运作效率和服务质量不高。而随着互联网技术的广泛应用与电子商务的飞速发展，人们对港航物流信息的要求越来越高。因此，建设一个能够实现信息实时传递、处理和存储的港航物流信息平台，成为一种必然的选择。

数字化技术的运用对港航物流行业产生了深刻的影响和推动。数字化技术通过数据挖掘和分析，为决策提供科学依据，提高港航物流的决策水平，实现各环节之间的信息共享和协同作业，提高港航物流的协作效率；通过智能化、绿色化、国际化等发展趋势，推动港航物流行业的可持续发展。

在数字化技术的推动下，港航物流信息平台的建设经历了长足的发展。自 20 世纪 90 年代起，众多港口便开始投入信息化建设，逐步实现了对货物信息的计算机化管理及跟踪监控。以大连港为例，自 1990 年起，该港口逐步开发了一系列信息化系统，包括货物吞吐量统计系统、能源管理网络、港口物流管理系统、财务管理信息系统、大窑湾集装箱码头管理系统和作业区调度/货运商务管理系统等。1995 年 7 月，大连港进一步启动了计算机集成制造系统（computer integrated manufacturing system，CIMS）建设项目。这一系统集成了港口电子数据交换、局级调度系统、作业区点调度系统、货运中心系统等多个子系统，并配备了统一的信息分类编码管理、全局数据管理和物资管理系统等功能模块。这些系统不仅实现了从局级调度到基层站、到货商之间的数据资源共享，还涵盖了从货商计费到本企业财务收入及利润计算等整个业务流程。这些系统的综合集成，不仅提升了全局资源的调配和管理效率，还为各级领导提供了快速且有力的信息支持。通过一系列的信息化建设，大连港逐步实现了向信息化运营的转型，显著提高了运营效率和服务质量，进一步巩固了其在东北亚地区的重要物流枢纽地位。[49]

7.2.2 港航物流信息平台建设内容

港航物流信息平台的建设内容主要涵盖航运企业、货主、船舶市场服务、港航技术服务、航运金融和船东等多个方面。通过该平台，各方能够实现信息共享、流程优化和业务协同，从而提高港航物流的效率，降低运营成本。

港航物流信息平台的建设离不开坚实的数据化基础设施，而其中至关重要的组成部分是数字化基础设施建设。这一建设涵盖互联网、物联网、大数据和人工智能等众多先进技术，以确保信息的实时传输、高效处理和安全存储。这些技术的应用对于港航物流信息平台的稳定运行和持续发展具有决定性意义，能够显著提升港口的运营效率和服务质量。因此，数字化基础设施建设不仅是港航物流信息平台的基础，更是其核心所在。在互联网方面，需要建设高速、稳定、安全的网络环境，实现信息的快速传递和实时更新。在物联网方面，需要建设智能感知系统，实现对货物、车辆、设备等信息的实时采集和监控。在大数据方面，需要建设数据存储和管理系统，实现对海量数据的存储和管理。在人工智能方面，需要建设智能分析和预测系统，实现对数据的分析和预测，为决策提供科学依据。

数据库在港航物流信息平台中扮演着核心角色。通过构建一套完善的数据库系统，我们能够对货物流转、运输全程及船舶动态等信息进行实时跟踪与监控。在数据库建设过程中，必须充分考虑到数据的多样性、复杂性和实时性，以确保数据的准确性和完整性。此外，建立一套高效的数据治理机制也至关重要，它能够实现数据的规范化与标准化，进而提升数据的质量和价值。通过这样的数据库系统，港航物流信息平台能够更好地为相关业务提供有力支持，促进港口的持续发展和运营效率的提升。

在平台搭建方面，港航物流信息平台主要涉及信息共享平台和移动应用平台的建设。信息共享平台是实现各环节之间信息共享和协同作业的关键，通过与海关、边检、码头等部门进行数据对接，可以促进信息的互联互通，提高港航物流的整体运作效率。为了实现这一目标，信息共享平台需要建立统一的数据接口和标准，以实现不同系统之间的数据交换和共享。此外，安全保障机制的建立也至关重要，它能够确保数据的安全性和隐私性。移动应用平台则可以为货主、货代、司机等用户提供便捷的移动办公服务。通过手机应用程序（app）或微信公众号等方式，用户可以随时随地了解货物的状态、位置等信息，并进行在线操作和沟通。移动应用平台需要考虑用户的需求和习惯，提供简单易用的界面和功能，提高用户的使用体验和服务质量；同时还需要建立完善的安全保障机制，确保用户的信息安全和隐私保护。

　　一个完善的航运数字化平台应包括如图 7-2 所示的各大板块，平台需要整合各方资源，建立统一的信息管理机制。通过收集和整理航运企业、货主、船舶市场服务、港航技术服务、航运金融、船东等各方的信息，实现信息的实时更新和共享，提高信息透明度和利用率。针对港口的装卸作业、资源分配、运行监测和安全管理等方面，平台可以引入智能化的技术手段，提供全方位的服务支持，满足各方需求。根据航运企业、货主、船舶市场服务、港航技术服务、航运金融和船东等各方的需求，平台可以提供包括装卸作业、订单管理、合同管理、船舶调度、油品服务、船舶保险、船员培训、船舶交易、安全监控等方面的服务支持。为了保障平台的稳定性和安全性，需要建立完善的运营和管理机制，包括数据安全保障、系统维护和升级等方面的措施。

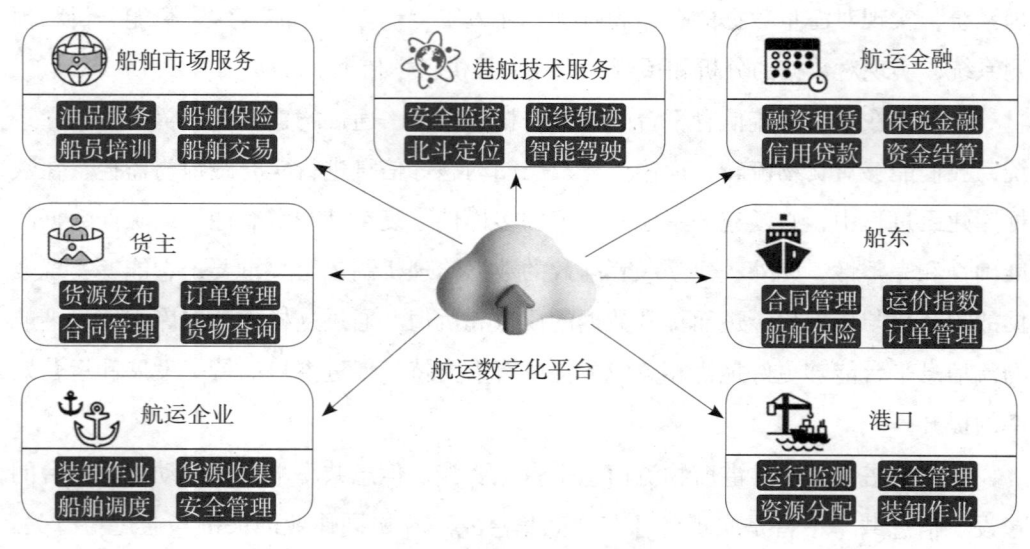

图 7-2　航运数字化平台建设

7.2.3　港航物流信息平台发展趋势

　　物流的核心是确保货物从一家公司安全有效地转移到另一家公司，这涉及物流企业这一关键角色。航运公司不仅仅承担运输任务，也扮演着集结各种资源、渠道和专业知识的重要角色，这些元素在海运供应链中的所有参与者之间架起了桥梁。[50]航运公司积极追求提高数字化水平，利用数字技术的广泛应用，为客户提供更便捷、更经济、更优质的服务，这是它们的主要目标。然而，随着市场竞争日益激烈，航运公司在现有的运营模式下面临着提高与客户的互动频率、良好的信誉和市场反应的挑战。由于航运业涉及多个不同的行业和部门，因此其数字化转型必须建立在整个行业的业务流程优化、风险管理以及不断创新以提高运营效率的基础上。港航物流信息平台是物流行业的重要组成部分，其发展趋势受到技术进步、市场需求等多方面因素的影响。基于对当前市场和技术的观察和分析，港航物流信息平台未来预计将呈现以下发展趋势。

（1）数字化与智能化

随着科技的快速发展，特别是人工智能和机器学习技术的进步，港航物流信息平台将逐渐实现全面数字化和智能化。从无人驾驶卡车到自动化港口装卸，从智能调度到实时数据分析，都将实现高度自动化和智能化。这不仅可以大大提高港航物流的效率和准确性，降低成本，而且还可以减少人为错误和延误，提高服务质量。

（2）绿色与可持续发展

随着全球环保意识的日益提高，港航物流信息平台将更加注重绿色和可持续发展。通过采用清洁能源，减少碳排放，使用环保材料和包装，以及实施资源回收等措施，实现绿色物流。此外，还将更加注重与环境和谐共生的港航设施建设，如绿色港口、低碳航运等，以实现可持续发展的目标。

（3）全球互联与协同化

在全球化的背景下，港航物流信息平台将更加注重与全球其他港航物流信息平台的互联互通，实现信息共享和协同作业。通过与海外港口、航运企业等建立紧密的合作关系，实现数据共享和业务协同，提高国际竞争力。同时，"一带一路"倡议也将推动港航物流信息平台朝全球化方向发展，为共建国家的贸易和物流提供便利。

（4）个性化与多元化服务

随着消费者需求的多样化，港航物流信息平台将更加注重提供个性化与多元化的服务。通过大数据分析和人工智能等技术，深入挖掘客户需求，提供定制化的服务方案。同时，结合移动应用平台和物联网技术，为客户提供更便捷、更智能的服务体验。例如，通过手机app实时查询货物状态、订单详情等信息，为客户提供个性化的物流服务。

（5）区块链技术的广泛应用

区块链技术将在港航物流信息平台中发挥越来越重要的作用。区块链通过其分布式账本特性，可以实现物流信息的透明化和可追溯性，增强信任度和安全性。同时，区块链还可以优化合同执行和支付等流程，降低交易成本和风险。未来，区块链技术将与港航物流信息平台深度融合，为行业带来更多创新和价值。

这些趋势将为港航物流信息平台的发展带来新的机遇和挑战。企业需要密切关注市场动态和技术进步，以便及时调整战略并抓住发展机遇。

7.3 智能合约与数字化单证的应用

7.3.1 智能合约的定义

智能合约（smart contract）是一种通过计算机程序实现自动执行合约的协议。与传统合约不同，智能合约能够自动执行合约条件，并将结果记录在区块链上，从而保证了合约的公开性、透明度和不可篡改性。智能合约在区块链上的实现方式主要有两种：一种是通过以太坊等智能合约平台实现，另一种是采用自主开发的区块链实现。

智能合约的本质是一段程序代码，其执行结果是一种状态的改变。智能合约的执行不需要人工干预，只需要满足事先设定的条件，合约就会自动执行。因此，智能合约的执行具有高度的自动化和可靠性，避免了传统合约中可能出现的误解、争议和纠纷。

智能合约在供应链管理中的应用具有以下优势。

（1）自动执行

智能合约可以自动执行合约条件，不需要人工干预，大大提高了合约执行的效率和可靠性，减少了合约执行中可能出现的错误和争议。在供应链管理中，智能合约可以自动执行物流配送、支付等环节，降低人为操作成本和失误风险。

（2）公开透明

智能合约的执行结果被记录在区块链上，具有公开透明的特点。任何人都可以查看智能合约的执行过程和结果，从而避免了合约中可能存在的隐瞒和不公开的情况。在供应链管理中，公开透明的智能合约可以提高供应链的透明度和信任度，减少信息不对称和欺诈行为。

（3）不可篡改

智能合约的执行结果被记录在区块链上，具有不可篡改的特点。任何人都无法修改区块链上的数据，从而保证智能合约的执行结果不会被篡改。在供应链管理中，不可篡改的智能合约可以提高数据的安全性和可信度，避免数据被篡改或伪造的风险。

（4）安全可靠

智能合约执行过程基于区块链技术，具有去中心化和分布式的特点，因此具有安全可靠性。智能合约的执行过程不依赖于任何单一的中心化机构，不存在被攻击或破坏的风险。在供应链管理中，安全可靠的智能合约可以提高供应链的安全性和稳定性，避免供应链受到恶意攻击或破坏的风险。

综上所述，智能合约在供应链管理中具有自动执行、公开透明、不可篡改、安全可靠等优势，可以提高供应链管理的效率和可靠性，降低成本和风险。

7.3.2 海运业务中的单证简介

海运单证是海运业务中使用的各种单据和文件，是进出口贸易中不可或缺的一部分。以下是一些常见的海运单证。

（1）订舱单

订舱单是承运人在接受托运人的订舱请求时，根据其口头或书面申请，记载货物托运的情况，安排后续集装箱货物运输而制作的单证，如图7-3所示。订舱单的主要内容有：发货人、收货人、通知人、货名、产品数量、包装款式、标识、毛重、唛头等。

（2）装货单

装货单是商家办理货物托运的凭证，需要由承运人或者其代理人进行签字盖章的一种单证，也是通知船商接收承运货物装船的单证。

（3）装货清单

装货清单是承运人对货物托运单进行核对之后，将货物的详细信息加注在装货清单上，作为货物装运上船的依据。

（4）提单

提单是由船公司出具的，证明货物已经由其承运并保证在指定目的地将货物交给收货人的凭证。提单是整个海运业务的核心单据，也是进出口贸易中的重要文件。

（5）装箱单

装箱单是商家记录每一个集装箱装载货物的名称、数量和情况的唯一单证。当

×××有限公司

Shipper（发货人）			S/O NO.
Consignee（收货人）			
Notify Party（通知人）			
Place of Receipt（收货地）	Loading Port（装货地）	托运单 Quantity & Type 箱型箱量 （ ）×20'GP（ ）×40'GP（ ）×40'HG	
Discharging Port（卸货港）	Final Destination（目的港）	Service Type 服务类型	
Vessel/Voyage（船名/航次）		B/L Type 提单类型	
Marks & Nos. 唛头	No. of Package 件数	Description of Goods 包装种类及货名	Gross Weight 毛重（KGS）	Measurement 体积（CBM）
Customs Clearance 报关　　　　□集中报关　　□自报			
拖柜具体地址、时间、联系人、联系电话（移动电话）（如需我司安排，请填写此栏）			
Freight & Charges 运费与附加费	Prepaid 预付	Collect 到付	Payable at 付款地点	Signature & Chops by Shipper 托运人签章和签字
代办货物运输保险		申报货值	
备注			

图 7-3　海运订舱单样本

商家以集装箱为单位进行海运时，装箱单就是一份极为重要的单证，是用于进行货物申报和交接的依据。

（6）空箱交接单

空箱交接单是由商家使用船公司集装箱时填写的一份单证，船公司根据单证，通知集装箱保管人员将空箱交给持有单证的货主。

除此之外还有货运单、装卸清单、收货清单等。这些单证在海运业务中发挥着重要的作用，能够保证货物的顺利运输和交接，对进出口贸易也有重要的影响。

7.3.3 智能合约在数字化单证中的应用

随着全球信息科技的不断进步，传统的纸质海运单证已经逐渐被数字化单证取代。数字化单证可以大大提高单证的效率和准确性，降低人为错误和欺诈风险，同时也可以提高供应链的透明度和协同效应。

智能合约在海运单证数字化中起到了关键作用。智能合约是一种自动执行、不可篡改的计算机程序，可以记录和验证供应链中的交易。在海运单证数字化中，智能合约可以自动执行运输条款和条件，记录货物的交付和运输过程，提高单证的准确性和透明度。此外，智能合约还可以通过加密技术保护单证的安全性和隐私性。

智能合约能够自动执行海运单证中的条款和条件，减少人为干预和错误。通过智能合约，各方可以更加便捷地管理和操作海运单证，提高效率，降低成本。智能合约可以增强海运单证的安全性和可信度。由于智能合约的不可篡改性和透明性，一旦海运单证的状态和数据被写入智能合约，就无法被篡改或伪造，从而确保单证的真实性和可信度。此外，智能合约还可以优化海运业务流程，实现更高效的海运管理和运营。例如，可以实现自动化的费用结算、货物流转、信息共享等功能，提高整个海运行业的效率和透明度。智能合约的应用还可以帮助海运企业降低风险，提高合规性。例如，通过智能合约的规则约束和自动执行，可以避免海运单证的不规范操作和错误，减少潜在的法律风险和业务风险。

综上所述，智能合约在海运单证电子化中具有重要的作用和应用意义，可以提高效率、降低成本、增强安全性和可信度、优化业务流程、降低风险等。随着区块链技术的发展和应用推广，智能合约将在海运领域发挥更大的作用，推动海运行业的数字化转型和升级。

7.4 航运数字化标准建设

7.4.1 标准化建设的现状

国际航运业务涉及船舶制造、港口运营、物流服务、金融服务等众多环节，每个环节每天都会产生海量的业务数据，而要高效处理并有效利用这些数据的关键便是标准化建设。航运数字化标准建设是一个系统工程，需要整个产业链的协同发展。只有各环节协同发展,才能实现整个产业链的数字化转型,提高航运效率、降低成本、增强竞争力。因此,航运生态圈中的任何一方都将成为航运标准化的受益者。例如,在船舶制造环节,数字化技术的应用涵盖了从船体数字化设计、船舶智能监造、远程监控等高新技术的应用,提高了船舶制造的精度和效率,同时也为船舶运营和维护提供了更好的支持。在港口运营环节,自动化无人码头大大提高了港口运营效率,降低了港口碳排放水平。物流服务环节是数字化转型的重点领域之一,通过数字化技术实现物流信息的共享和协同,提高物流效率、降低成本、减少浪费。在金融服务环节,电子支付、数字货币等可以为航运业提供更加便捷、安全的金融服务环境。

因此,要实现整个航运产业链的数字化转型,必定离不开各环节之间的协同发展。这就需要建立统一的标准和规范,促进各环节之间的数据交换和共享。集装箱的发明便是航运标准化建设最直观的例子,它的发明为航运产业链的数字化转型提供了重要的基础。标准化的货物单元不仅简化了货物运输过程,提高了运输效率,同时也为整个航运业的数据交换和共享提供了标准化的载体。首先,集装箱的标准化促进了各环节之间的数据交换。由于集装箱的尺寸、结构和设计都是标准化的,与之相关的数据信息也可以实现标准化。这使得船舶、港口、物流和金融服务等各环节都能够使用统一的数据格式进行信息交换,从而提高了数据的准确性和可靠性,减少了信息传递的误差和延误。其次,集装箱的标准化促进了各环节之间的数据共享。标准化的集装箱使得不同环节之间的数据可以相互识别和解析,促进了数据的共享和应用。例如,港口可以通过集装箱的追踪数据了解货物的实时位置和运输状态,物流企业可以根据这些信息进行合理的调度和安排,金融机构则可以根据这些数据为航运业提供更加精准的金融服务。最后,集装箱的标准化还促进了各环节之间的协同工作。标准化的集装箱使得不同环节之间的设备能够更好地相互连接和配合,提高了整个航运产业链的协同工作效率。港口和船舶可以通过标准化的接口实现快速装卸和转运,物流企业可以更加高效地进行货物调度和运输安排,金融服务则可以更加精准地提供融资和风险管理等服务。

实际上,互联网的快速发展和普及,很大程度上也得益于信息流传输接口的标准化。超文本传输协议(HTTP)和超文本标记语言(HTML)是互联网快速发展的基石,确保了各种信息能在全球范围内顺利、标准地传输,催生出无数的创新和应用,最终改变了世界。

航运数字化标准化建设的接口标准，主要包括数据交换标准、信息安全标准、设备接口标准、业务操作标准等维度。

（1）数据交换标准

航运业涉及港、船、货等多个环节和多方利益相关者，因此，数据交换标准的制订至关重要。目前，航运业已经制订了电子数据交换和公共通信协议等数据交换标准。这些标准使得不同网络系统、不同设备之间能够快速进行数据交换和共享。在国内，一系列标准如《基于S-100的E航海数据交换标准与技术架构》《中国船级社数字空间数据交换规则2024》《集装箱运输电子数据交换：订舱确认报文》等，已经成为我国船舶行业管理、监督和发展的坚实支柱。与此同时，国际上的一些重要标准，如"ISO 28000: 2024 (Security and resilience—Security management systems—Requirements)""ISO/CD 28005-2: 2021 (Ships and marine technology—Electronic port clearance [EPC])"和国际海事组织发布的"ISM Code"，以及电子海图显示信息系统等，也在全球范围内得到了广泛的推广和实施。这些国际标准不仅提升了我国船舶行业的国际竞争力，也推动了全球船舶行业的共同进步。与此同时，数据格式的多样性和数据传输的安全性问题仍然存在。因此，航运业需要进一步制订和完善数据交换标准，以实现更高效、更安全的数据传输和处理。

（2）信息安全标准

随着航运数字化程度的提高，信息安全问题也日益凸显。在安全工程研究中，有一条著名的"海恩法则"：每一起严重事故的背后，必有29起轻微事故和300次未遂先兆，以及1000起事故隐患。要消除一起严重事故，必须提前防控1000起事故隐患。[51]在信息安全问题方面，海恩法则同样适用。目前，航运业已经建立了一些信息安全标准和规范，如"ISO/IEC 27001: 2022（Information security, cybersecurity and privacy protection—Information security management system—Requirements）"、由中国专家主导制订的"ISO 18186: 2011（Freight containers—RFID cargo shipment tag system）"等。这些标准和规范要求对数据进行加密处理、建立安全认证机制等，以确保数据的安全性和隐私保护。

（3）设备接口标准

船舶、港口等设备的接口标准对于实现设备之间的无缝对接和协同工作至关重要。目前，航运业已经制订了一些设备接口标准，如船舶配管系统标准、船舶螺纹接头焊接座标准、港口岸电接口验收标准等。这些标准规定了船舶、港口等设备的通信协议和接口规范，以确保设备之间的互操作性。然而，大多数标准缺乏对设备兼容性问题和技术更新换代的风险的考虑。因此，航运业需要进一步更新和完善设备接口标准，以适应新技术的发展和市场需求的变化。

（4）业务操作标准

航运业务的各个环节需要制订标准化的操作流程和规范，以确保业务操作的准确性和高效性。目前，航运业各相关组织和单位已制订了一些业务操作标准。这些标准规定了货物装卸、运输、中转等环节的操作流程和规范，以确保货物的安全和运输的顺畅，但大部分标准的生效范围仅局限于公司或组织内部，缺乏国际通用性。

截至目前，航运数字化标准化建设在数据交换标准、信息安全标准、设备接口标准和业务操作标准等方面取得了一定的进展，但仍面临一些挑战和问题。为了实现整个航运产业链的数字化转型，需要进一步加强和完善这些标准的制订和实施工作；同时，还需要加强国际合作和交流，推动国际社会共同制订数字航运的国际标准和法律法规，为全球数字航运的发展提供更好的法律环境。

7.4.2 标准化建设的挑战

航运数字化标准化建设在推进过程中面临诸多挑战，主要来自以下几个方面。

（1）数据安全与隐私保护

随着航运数字化的推进，数据安全和隐私保护的挑战日益突出。航运数据涉及大量的船舶、货物、人员等敏感信息，各类数据背后牵扯着多方利益主体，如何确保这些信息的安全和隐私不被侵犯是航运数字化标准建设中的一大挑战。

（2）技术标准和互操作性

在数字化时代，航运业面临着一系列新的挑战，而技术标准的缺失或滞后可能成为制约其发展的瓶颈。为了适应快速发展的数字化环境，航运业亟须构建一套完善的技术标准体系。这不仅有助于提高行业的整体效率，还能推动市场竞争与创新。例如，通过制订统一的数据交换标准，不同的航运企业可以实现信息的快速共享，提高运营效率。然而，要建立一套有效的技术标准体系并非易事。这需要各方的共同努力和利益的平衡。首先，航运企业应加强合作，共同制订出符合行业实际的技术标准。其次，政府和行业协会也应发挥其指导作用，推动标准的实施与推广。最后，对于那些在技术研发和标准化建设方面有困难的企业，应给予一定的支持和帮助。互操作性在航运业数字化标准建设中同样不可忽视。只有不同的系统和平台能够无缝连接和数据共享，才能真正实现航运业的数字化转型。例如，建立一个统一的航运综合信息服务平台，不同企业、部门之间的信息可以自由流通，从而提高决策的准确性和效率。

（3）数据互联互通

在航运数字化过程中，数据的互联互通至关重要。然而，目前不同信息系统之间的数据格式、标准差异较大，加之贸易保护主义盛行，关税壁垒、信息战等的影响导致数据交换和共享存在困难。而且目前航运业的标准仍处于较为初期的纸质或PDF电子格式阶段，各标准间的关联性较弱，难以保证一致性。[52]航运业涉及多个领域和利益相关者，需要各方共同协作和努力。然而，在实际推进过程中，不同领域和利益相关者之间的合作往往存在诸多困难。如何加强行业协作与协同创新，形成良好的合作机制，实现不同系统之间的数据互联互通，打破信息孤岛，是推进航运数字化必须解决的问题。

（4）投入成本与回报问题

航运数字化需要大量的资金、技术和人才投入。一个大型完整的港航物流云平台的建设费用动辄上亿元，然而，数字化的收益回报往往做不到立竿见影。这使得航运企业在数字化转型过程中面临较大的经济压力和决策困难。因此，航运企业在数字化转型过程中需要充分考虑投入与产出的关系，制订合理的数字化战略和计划，逐步推进数字化转型进程。同时，企业也需要加强组织能力和数据管理工作，确保数字化转型的顺利进行。

（5）法规和政策环境

海事法规通常相对保守，难以跟上技术发展的步伐。因此，现有的海事法规可能无法适应航运数字化的发展，需要尽快进行修订。航运涉及多个国家或地区，每个国家或地区的法规都有所不同。在推进航运数字化标准化建设的过程中，需要确保各国或各地区之间的法规协调一致，避免出现法律冲突和监管障碍。另外，欧洲有着严格的数据保护法律和知识产权保护体系，如《通用数据保护条例》（General Data Protection Regulation，GDPR），这要求在处理个人信息时必须确保数据的安全性和隐私保护。航运数字化过程涉及大量船只和人员的信息处理，必须遵守相关法规，确保数据安全。面对这些挑战，国际社会需要加强合作，共同制订数字航运的国际法律和规则。这不仅有助于促进全球数字航运的健康发展，还可以加强各国之间的法律协调与合作。同时，各国政府和相关机构也应积极推动海事法规和法律的更新与完善，以适应航运数字化的发展趋势。

（6）人才队伍建设

航运数字化需要具备相关专业知识和技能的复合型人才。然而，目前航运领域的人才结构较为单一，主要集中在传统航运业务领域，如船舶运输、港口管理等，而具备数字化技能和知识的人才相对较少，这使得企业在推进数字化转型过程中面临人才短缺的问题。而传统航运业务与数字化技术的结合又需要一定的时间和经验积累，现有的航运人才可能缺乏必要的数字化技能和知识。这导致企业在实现数字化转型过程中，需要花费大量的时间和资源来培训与提升员工的数字化能力。随着数字化技术的发展，部分具备数字化技能和知识的人才可能选择离开航运行业，转行至其他数字化领域。这进一步加剧了航运数字化在人才队伍建设方面的挑战。如何加强人才队伍建设，培养具备数字化技能和知识的人才，是推进航运数字化标准化建设的关键因素之一。

综上所述，航运数字化标准化建设在推进过程中面临诸多挑战。为了克服这些挑战，需要加强国际合作与交流，共同制订数字航运的标准和规则；同时，也需要加强技术研发与创新，提高航运数字化的水平和质量。随着航运数字化的加速，行业对数字化标准化的需求也日益迫切。虽然数字化技术为航运业带来了巨大的机遇和变革，但同时也带来了新的挑战和问题。目前航运数字化标准在诸多方面仍是空白。为了实现航运数据的互联互通和互操作，制订与实施一系列的标准和规范成为行业迫切需求。

7.4.3 标准化建设的创新路径与策略

物流标准化建设的路径通常应基于成本降低、质量保证、效率优化、创新发展的原则。根据以上原则，物流标准化的发展路径可以按照"物""流""链""网"的维度依次展开。"物"是航运物流的基础元素，包括各种货物和物品实体。通过"物"的标准化，可以实现物品的统一标识、分类和计量，从而为后续的物流环节提供便利。"流"涉及航运物流、信息流和资金流的标准化，包括运输、仓储、装卸、配送等众多环节。通过"流"的标准化，可以实现各环节之间的无缝链接和协同作业，提高整个航运业务流程的效率和可靠性。"链"是物流的延伸，涵盖了从供应商到最终消费者的整个供应链的管理和运作。供应链的标准化有利于实现各环节之间的协调和优化，提高整个供应链的效率和竞争力。"网"是指整个航运生态体系，包括各种物流平台、网络和港航物流生态系统。例如，智能物流平台的建设可以整合各种物流资源和服务，提高整个生态体系的效率和创新能力。以"物""流""链""网"的思路进行航运标准化建设，有利于由点成线、由线及面的综合立体式航运标准化建设。

（1）"物"的标准化建设

"物"的标准化在航运领域是一个至关重要的议题。随着航运业的发展，各种装卸货设备和操作运输设施的种类与数量不断增加，如果没有统一的标准化体系，这些设备和设施之间的兼容性和互操作性就会成为问题，从而影响整个航运体系的效率和安全性。因此，"物"的标准化是实现航运数字化的重要基础之一。

首先，船舶是航运业的主要载体，是实现物流运输的关键设备。船舶的标准化主要涉及船型标准化、船舶设备标准化、船舶管理标准化三大方面。制订和实施船型标准，可以规范船舶的设计和建造，提高船舶的通用性和互换性。这不仅可以减少船舶的制造成本，还可以降低船舶维护和修理的成本。船舶设备是保证船舶正常运行的关键。制订和实施船舶设备标准，可以确保设备的性能和质量，提高设备的兼容性和互操作性。这可以避免设备不匹配或质量问题带来的安全隐患，提高船舶运营的安全性。船舶管理是保证船舶安全和效率的重要环节。制订和实施船舶管理标准，有助于规范船舶的管理流程和方法，提高管理的科学性和有效性。这可以降低船舶管理的成本，提高船舶的运营效率。

其次，港口设备是实现港口高效运作的关键设施。港口设备的标准化建设应聚焦于装卸、仓储和通信三大领域。首先，装卸设备作为港口运作的核心，涵盖起重、运输与搬运三类，具体如岸边集装箱起重机、门座起重机、抓斗卸船机（包括门座式和桥式）、龙门起重机等，其标准化旨在确保设备性能与质量的一致性，提升设备间的兼容性和互操作性，有效预防不匹配或质量问题引发的安全隐患，从而加速货物装卸流程。其次，仓储设备对于货物存储与管理至关重要。通过制订并执行相关标准，能够规范仓储设备的性能与质量指标，促进设备间的无缝衔接与高效协作，既规避了安全隐患，又显著提升了货物存储与检索的效率。最后，通信设备作为港口信息流通的纽带，其标准化工作同样不可或缺。标准化不仅能确保通信设备的性能稳定与质量可靠，还能增强设备间的互操作性，避免信息传输中的障碍，进而提升港口整体信息处理的效率与准确性。

最后，装卸工具是实现货物装卸和搬运的关键工具。装卸工具的标准化主要包括以下方面：一是设计的标准化。制订和实施装卸工具设计标准，可以规范装卸工具的结构和性能要求,提高工具的安全性和可靠性。这可以避免工具设计不合理或质量不达标带来的安全隐患,提高货物装卸和搬运的效率。二是制造的标准化。装卸工具在制造过程中需要遵循一定的标准和质量要求。制订和实施装卸工具制造标准,可以规范工具的制造工艺和质量检测方法,确保工具的质量和性能符合要求。这可以提高工具的使用寿命和安全性,降低维修和更换成本。三是装卸工具使用的标准化。装卸工具在使用过程中需要遵循一定的操作规程和使用要求。通过制订和实施装卸工具使用标准,可以规范工具的使用方法和操作流程,确保工具在使用过程中的安全性和稳定性。这可以避免操作不当或使用不规范带来的安全事故和经济损失。

总的来说,"物"的标准化对于航运数字化的实现至关重要,是确保各种设备和设施之间的兼容性和互操作性的基本前提,从而提高整个航运体系的效率和安全性。"物"的标准化不仅可以降低成本、提高效率,还可以促进技术创新和市场发展。在未来的航运数字化进程中,需要进一步加强"物"的标准化工作,不断完善标准和规范体系,推动航运业的持续发展。

(2)"流"的标准化建设

"流"的标准化建设可细分为物流、信息流和资金流的标准化建设。

物流标准化是指在达到"物"的标准化的基础之上,以物流为一个大系统,制订系统内部设施、机械装备、专用工具等各个分系统的技术标准;以系统为出发点,研究各分系统与分领域中技术标准与工作标准的配合性;按配合性要求,统一整个物流系统的标准,研究物流系统与相关其他系统的配合性,进一步谋求物流大系统的标准统一的过程。

在数字化时代,信息流的管理和标准化在航运领域中具有至关重要的作用。航运信息流涉及船舶调度、货物跟踪、航运保险、海事法律等多个方面,这些信息流之间的顺畅交换和共享对于提高航运效率、降低运营成本具有重要意义。在船舶大型化背景下,信息流标准化在航运领域中具有关键地位。同时,航运保险和海事法律等信息的准确传递对于防范风险、保障各方权益也至关重要。而要实现这些信息的顺畅交换和共享,就必须依赖信息流的标准化。通过制订和实施统一的信息交换标准,可以确保不同来源、不同格式的信息能够被正确解读和处理,从而提高信息利用的效率和准确性。

航运信息流标准化主要包括以下几个方面:一是信息交换格式的标准化,涉及制订统一的文件格式、数据结构等规范,以确保不同系统之间能够实现信息的无障碍交换。二是信息传输协议的标准化，包括制订统一的信息传输协议和接口规范等，确保不同系统之间能够实现信息的快速、稳定传输。三是信息安全与隐私保护的标准化，主要涉及制订统一的信息安全和隐私保护标准，以确保航运信息的安全性与合规性。这些方面的标准化工作，可以建立起一套完整的信息流标准体系，为航运信息的交换和共享提供有力支撑。

在资金流方面，标准化有助于提高资金管理的效率和规范性。通过统一的资金管理流程，企业可以降低成本，提高资金使用效率，并降低财务风险。标准化的资金管理流程包括资金收支、核算、分析等方面的规范，以及与供应商、客户之间的结算和支付的标准化。这有助于企业实现内部资金管理的透明化和规范化，增强财务稳健性，并为企业的发展提供有力支持。

（3）"链"的标准化建设

"链"的标准化是航运产业链协同发展的重要基础。航运业作为一个复杂的产业链，涵盖了船舶制造、港口运营、物流服务、金融服务等多个环节。这些环节相互依存、相互影响，只有实现整个产业供应链的协同和优化，才能提高效率和竞争力。

首先，作为航运产业供应链的起点，船舶制造需要遵循一系列的标准和规范，以确保船舶的设计、建造与运营符合安全、环保和质量要求。制订和实施船舶制造的相关标准，可以促进船舶制造技术的进步和创新，提高船舶的安全性、可靠性和经济性。同时，这些标准的制订和实施也有助于实现船舶的互换性与通用性，降低制造成本和维修成本。

其次，港口运营是航运产业供应链的重要环节。港口作为货物进出口的中心枢纽，需要与船舶制造、物流服务和金融服务等环节紧密配合。港口的标准化主要包括港口设施、装卸设备、通信系统等方面的标准化。制订和实施港口运营的相关标准，可以提高港口的作业效率和服务水平，降低港口拥堵和延误现象，提高整个航运产业链的运营效率。

再次，物流服务是航运产业供应链的重要组成部分。物流服务的标准化主要包括货物的包装、仓储、运输和配送等方面的标准化。制订和实施物流服务的相关标准，可以实现货物的快速、准确、安全运输，提高物流服务的效率和质量。同时，物流服务的标准化也有助于实现与船舶制造、港口运营和金融服务等环节的协同与优化。

最后，金融服务是航运产业供应链的重要支撑。金融服务主要包括船舶融资、保险、贸易融资等方面。金融服务的标准化主要包括金融产品、服务流程、风险管理等方面的标准化。制订和实施金融服务的相关标准，可以降低金融风险，提高金融服务的可靠性，为航运业的发展提供有力支撑。

总的来说，"链"的标准化对于航运供应链的协同和优化具有重要意义。制订与实施一系列的标准和规范，可以打破合作壁垒，加速信息传递，优化资源配置。标准化还能推动技术创新，降低成本，增强服务稳定性，吸引客户，是提升航运产业链效率和可持续发展的关键。

（4）"网"的标准化建设

随着物联网、大数据、云计算等技术的迅猛发展，航运业正经历着前所未有的网络化变革。航运网络的互联互通和交互操作正成为新的发展趋势，而要实现这一目标，标准化工作是至关重要的。"网"的标准化主要关注的是如何通过技术手段，实现航运网络的互联互通和交互操作，确保各航运要素之间的信息能够高效、安全地传输和共享。

首先，网络协议的标准化是实现航运网络互联互通的基础。网络协议是航运要素之间信息传输和交换的规则与标准，只有统一网络协议，才能确保各种航运要素能够相互识别、理解和协作。例如，船舶与港口之间的数据交换需要遵循统一的通信协议，以确保数据的准确性和实时性。因此，制订和推广通用的航运网络协议标准，是实现航运网络互联互通的关键。

其次，数据接口的标准化是促进航运数据共享的必要条件。在航运网络中，各种数据源需要进行有效整合和利用，这就需要统一的数据接口标准。制订和实施统一的数据接口规范，可以实现不同数据源之间的无缝对接，提高数据的共享性和利用效率。例如，船舶位置、货物信息等数据的共享，需要统一的接口标准来规范数据的格式和交换方式，以便于各航运要素能够快速、准确地获取所需数据。

再次，信息安全的标准化是保障航运网络安全的重要措施。随着航运网络的不断发展，网络安全问题也日益突出。为了确保航运网络中数据传输和存储的安全性，需要制订和实施统一的信息安全标准。这包括数据加密、身份认证、访问控制等方面的技术标准和规范，以保障航运网络中的数据不被非法获取或篡改；同时，还需要建立完善的信息安全管理制度和应急响应机制，提高航运网络的整体安全防护能力。

最后，航运网络的标准化还涉及与物联网、大数据、云计算等技术的融合应用。将航运网络与这些先进技术相结合，可以实现更加高效、智能的航运管理和服务。例如，利用物联网技术实现船舶设备的远程监控和故障预警，利用大数据技术对航运数据进行深度分析和挖掘，利用云计算技术提供高效、可扩展的航运信息化服务。这些技术的标准化应用将进一步推动航运网络的协同化和智能化发展。

总的来说，"网"的标准化对于实现航运网络的互联互通和交互操作具有重要意义。制订和实施统一的标准和规范，可以促进航运要素之间的信息传输和共享，提高航运管理与服务的效率和质量；同时，还可以保障航运网络的安全性和可靠性，降低网络安全风险。在未来的航运发展中，需要进一步加强"网"的标准化工作，不断完善标准和规范体系，推动航运网络持续发展。

本章课件

REFERENCES 参考文献

[1] 许志荣. "共享经济"下的航运经营模式创新[J]. 交通企业管理, 2018, 33（2）: 26-28.

[2] 梁晶, 董影. 供应链理念下港口物流资源整合双层规划模型[J]. 中国航海, 2015, 38（2）: 126-130.

[3] 封云. 企业转型发展视角下港口行业发展的新趋势[J]. 港口经济, 2017（4）: 5-8.

[4] 徐亦宁. 驶入数字化车道 国际物流发展有"数"[J]. 中国远洋海运, 2021（9）: 42-46.

[5] 郭胜童, 徐凯. 全球航运数字化发展趋势及应对建议[J]. 中国远洋海运, 2021（2）: 62-65.

[6] 李帅珂. 企业数字化转型实现双赢的探索与思考——基于经济效益与社会效益的角度[J]. 海峡科技与产业, 2023, 36（4）: 30-33.

[7] 牛旭彤, 范洪博. 浅析机器学习在智能航运的潜力与未来[J]. 中国水运, 2023（19）: 96-97.

[8] 潘荣军, 张伟. 基于机器学习的自主航行技术研究: 探索人工智能在航海领域的应用[J]. 中国水运, 2023, 23（14）: 46-49.

[9] 周欣沅, 张玲, 马永帅. 基于栅格地图的环境建模在清扫机器人路径规划中的应用[J]. 中小企业管理与科技, 2021（19）: 183-184.

[10] 赵博. 物联网技术在智能制造中的应用研究[J]. 产品可靠性报告, 2023（2）: 83-85.

[11] 白丽荣. 智能船舶关键技术未来趋势[J]. 中国船检, 2022（4）: 69-73.

[12] Nakamoto S. Bitcoin: A peer-to-peer electronic cash system [EB/OL].（2008-10-31）[2024-07-01]. https://bitcoin.org/bitcoin.pdf.

[13] 鄢然, 王帅安, 周煜圣. 区块链技术在航运业的应用综述[J]. 交通运输工程与信息学报, 2022, 20（3）: 1-14.

[14] 张培培. 区块链技术的五大应用场景[N]. 学习时报, 2019-11-01（3）.

[15] 王永明. 基于大规模AIS数据的船舶异常行为检测与预警[D]. 大连：大连海事大学，2020.

[16] 张弦. e-Navigation技术发展及在海事管理中运用分析[J]. 珠江水运，2022（23）：94-96.

[17] 任健. e-Navigation技术发展及其在海事管理中的应用[J]. 科技创新与应用，2021，11（25）：167-170.

[18] 杨元喜. 北斗卫星导航系统的进展、贡献与挑战[J]. 测绘学报，2010，39（1）：1-6.

[19] 李先强. 北斗卫星导航系统的发展及其在现代海运业的应用[J]. 世界海运，2018，41（2）：16-19.

[20] 李光正，宋新刚，徐瑜. 基于"工业4.0"的智能船舶系统探讨[J]. 船舶工程，2015，37（11）：58-60，71.

[21] BELMOUKARI B, AUDY J-F, FORGET P. Smart port: A systematic literature review [J]. European transport research review, 2023（15）：4.

[22] 陈岩. 论第五代港口[J]. 中国集体经济，2009（21）：114.

[23] 刘兴鹏，张澍宁. 智慧港口内涵及其关键技术[J]. 世界海运，2016，39（1）：1-6.

[24] 司增绰. 港口基础设施与港口城市经济互动发展[J]. 管理评论，2015，27（11）：33-43.

[25] 付国宝. 比雷埃夫斯港数字化运营管控体系构建研究[D]. 兰州：兰州理工大学，2018.

[26] 陈俊彬. AGV小车的发展现状研究[J]. 科技资讯，2023，21（15）：237-240.

[27] 曾露玲，吴宏. 智慧港口建设中大数据应用面临的主要问题及对策[J]. 集装箱化，2021，32（10）：1-5.

[28] 孟小峰，慈祥. 大数据管理：概念、技术与挑战[J]. 计算机研究与发展，2013，50（1）：146-169.

[29] 邓萍. 港口物流与腹地区域经济相关性测度研究[D]. 武汉：武汉理工大学，2010.

[30] 崔明阳. 基于货物时间价值的集装箱多式联运方案研究[D]. 北京：北京交通大学，2017.

[31] 訾谦. 畅通国民经济"大动脉"[N]. 光明日报，2022-11-24（15）.

[32] MAERSK. 物流数字化解决方案[EB/OL]. [2023-12-04]. https://www.maersk.com.

cn/digital-solutions/logistics-hub.

[33] 张宁恩，侯振，万莹. 智能仓储物流管理系统分析[J]. 信息系统工程，2023（7）：24-27.

[34] 钟晓英. 基于物联网的智能仓储管理系统设计[J]. 信息记录材料，2023，24（8）：86-88.

[35] CHENG L, ZHANG J. Is tourism development a catalyst of economic recovery following natural disaster? An analysis of economic resilience and spatial variability [J]. Current issues in tourism, 2020，23（20）：2602-2623.

[36] 夏铭璐，张树山，谷城. 智慧物流对产业链韧性的影响[J]. 中国流通经济，2023，37（9）：23-33.

[37] 谷城，张树山. 我国物流业智慧化水平的分布动态及空间差异与收敛性[J]. 中国流通经济，2023，37（3）：17-31.

[38] 大洋网. 上港集团顾金山：上海港集疏运中心建成[EB/OL].（2023-09-23）[2024-01-10]. https://news.dayoo.com/gzrbyc/202309/23/158752_54585670.htm.

[39] 屠海洋. 智能船舶数据管理标准研究分析[J]. 船舶与海洋工程，2023，39（5）：49-54.

[40] 范晓锋，周丹. 数字化智能航运的特征与价值[J]. 综合运输，2020，42（11）：70-73.

[41] 冯伯佳. 航运经营平台大数据应用的探索与实践[J]. 珠江水运，2016（18）：86-87.

[42] 阎雪梅，范海燕，卢志峰，等. 基于大数据与人工智能的航运生产分析决策系统[J]. 港口科技，2019（2）：14-19.

[43] 张荣. 区块链在保险行业的应用及影响[J]. 信息通信技术与政策，2020（1）：46-51.

[44] 王翘楚. 区块链技术在海上保险法中的应用与风险[J]. 船舶物资与市场，2021（3）：83-84.

[45] 魏帅，陈子玉. 区块链在科技保险中的创新应用[J]. 河南科技，2023，42（17）：130-135.

[46] 李白傲雪，许汝俊. 产业数字化下区块链服务供应链融资创新研究——以中企云链为例[J]. 中国乡镇企业会计，2023（7）：183-185.

[47] 周恕. 物流企业数字化转型研究[J]. 中国储运，2022（4）：176-178.

[48] 王思佳. 航运数字化下一站[J]. 中国船检，2023（4）：15-18.

[49] 道旭物流. 国内主要港口信息化建设情况[EB/OL]. (2024-06-29)[2024-07-04]. https://www.daoxuwl.com/wuliuzixun/458259.html.

[50] 文康, 乔运龙, 夏添恺. 推进数字化建设可持续发展的航运生态系统[J]. 中国储运, 2023(10): 193-194.

[51] 魏松明. 航运安全标准化建设刻不容缓[J]. 珠江水运, 2012(24): 47-49.

[52] 张宁, 翟晚枫, 花锋. 法庭科学标准数字化转型的路径思考[J]. 标准科学, 2022(4): 20-26.